DEUTSCHE TEXTE ZUM ÜBERSETZEN

Ausgewählt von Günther Haensch

DEUTSCHE TEXTE
ZUM ÜBERSETZEN

Ausgewählt

von

GÜNTHER HAENSCH

MAX HUEBER VERLAG

ISBN 3–19–00.1050–1

© 1958 Max Hueber Verlag München

10 9 8   1980   79   78   77   76

Die jeweils letzten Ziffern bezeichnen Zahl und Jahr des Druckes.

Alle Drucke dieser Auflage können nebeneinander benutzt werden.

Umschlaggestaltung: Peter Schiffelholz, Stuttgart

Satz: St. Otto-Verlag, Bamberg

Druck: Druckerei Ludwig Auer, Donauwörth

Printed in Germany

Vorwort

Die vorliegende Textsammlung will dem Bedürfnis vieler Sprachlehrer und Sprachstudierender nachkommen, für Übersetzungsübungen eine genügende Anzahl deutscher Texte zur Verfügung zu haben. Über die Auswahl solcher Texte kann man natürlich verschiedener Meinung sein, der Verfasser bemühte sich jedenfalls, möglichst viele und verschiedenartige Gebiete zu berücksichtigen, um dem Studierenden Gelegenheit zu geben, neben „schulmäßigen" oder literarischen Texten auch mehr „praktische" Texte aus Zeitungen und Zeitschriften, Dialoge, Berichte usw. zu übersetzen. Gegenüber der 1. Auflage wurden viele Texte gestrichen, gekürzt oder verbessert sowie eine Reihe neuer Texte aufgenommen. Die Texte sind nach ihrem Schwierigkeitsgrad in 6 Abschnitte eingeteilt:

Abschnitt I bringt sehr leichte Texte für Anfänger, die erfahrungsgemäß für den Lehrer am schwersten zu beschaffen sind. Diese Texte sind in einer einfachen Sprache verfaßt, um den Anfänger nicht zu entmutigen.

Abschnitt II bringt ebenfalls leichte Texte, bei denen jedoch der Satzbau kaum vereinfacht ist, um den Lernenden mehr und mehr in die Syntax einzuführen.

Die Abschnitte III und IV bringen etwas schwierigere Texte, die einen umfangreicheren Wortschatz erfordern. Hier wurde für Unterrichtszwecke eine Unterteilung vorgenommen und zwar in:

A. Allgemeine Texte. Diese sind mehr praktischer Art und werden vor allem dort Verwendung finden, wo die Sprache um ihrer praktischen Verwendung willen gelehrt wird.

B. Literarische, historische und ähnliche Texte. Diese sollen den Studierenden mit der Übersetzung eines mehr „literarischen" Stiles vertraut machen und ihn veranlassen, seinen Wortschatz auf dem Gebiete der Literatur, des Theaters, der Geschichte, der Kunst usw. zu erweitern.

Die Abschnitte V und VI bringen eine weitere Steigerung der Schwierigkeit. Hier wurde auf die oben erläuterte Unterteilung bewußt verzichtet und neben einigen Texten „allgemeiner" Art wurden — auf Wunsch vieler Benutzer der Textsammlung — vor allem Texte aus Literatur, Geschichte, Politik, Technik, Philosophie, Kunst und ähnlichen Gebieten ausgewählt. Die Behandlung mehr spezieller Gebiete wie Wirtschaft und Recht an Dolmetscherinstituten und ähnlichen Institutionen ist ja Gegenstand eines besonderen Fachunterrichtes, bei dem Sprache und Sache eng verknüpft sind, nicht aber allgemeiner Übersetzungsübungen, bei denen der Nachdruck auf dem Sprachlichen liegt. Im übrigen dürfen wir hier auf das im gleichen Verlag erschienene Werk „*Deutsche Fachtexte aus Recht und Wirtschaft*" von Gottfried Rösel hinweisen.

Die Auswahl von Texten, die hier vorgelegt wird, erhebt keinerlei Anspruch auf Originalität, sie will dem Lehrer, der oft mühevoll Texte zusammensuchen und einzelne Blätter vervielfältigen lassen muß, eine Textsammlung in die Hand geben, die ihm die Arbeit der Auswahl und Vervielfältigung abnimmt. Sie will ferner all denen, die in Deutschland und überall in der Welt Deutsch lehren und lernen, deutsche Texte aus den verschiedensten Gebieten für Lese- und Übersetzungsübungen, Diktate usw. zur Verfügung stellen.

Wenn die hier gebotenen Texte für Sprachenschulen, Dolmetscherinstitute, Universitäten, Kulturinstitute, Abendkurse und andere Sprachlehrstätten eine Unterrichtshilfe sind, so hat die Auswahl, die hier vorgelegt wird, ihren Zweck erfüllt.

Den Verlagen und Zeitschriftenredaktionen, die uns die freundliche Erlaubnis zum Abdruck von Texten erteilten, sei an dieser Stelle unser aufrichtiger Dank ausgesprochen.

Der Verfasser

Inhaltsverzeichnis

11

ABSCHNITT I

Leichte Texte für Anfänger

1. Einfache Dialoge (I)[1]

A. Guten Tag, wie geht es Ihnen?
B. Danke, gut.
A. Und Ihrer Familie?
B. Auch gut, danke.
A. Gehen Sie zur Bank?
B. Ja.
A. Dann können wir zusammen gehen.
B. Sehr gerne (mit Vergnügen).
A. Vorsicht, ein Auto!
B. Danke, der Verkehr in dieser Stadt ist schrecklich.
A. Das will ich meinen.
B. So, hier bin ich. Bis morgen! Auf Wiedersehen!
A. Auf Wiedersehen!

2. Einfache Dialoge (II)

A. Wie heißen Sie?
B. Ich heiße... (mein Name ist...) Ich bin Engländer, (Franzose, Deutscher, Österreicher, Italiener, Spanier, Schweizer, Amerikaner).
A. Die Dame ist Engländerin (Deutsche, Schwedin, Mexikanerin).
B. Woher sind Sie?
A. Ich bin aus London (Paris, München, Wien, Rom, Madrid, Moskau, Athen).
A. Sprechen Sie Englisch (Französisch, Italienisch, Deutsch, Russisch, Spanisch)?
B. Ein wenig.
A. Verstehen Sie, wenn ich Englisch (Französisch, Italienisch, Deutsch, Russisch, Spanisch) spreche?
B. Ja, ich verstehe, wenn Sie langsam sprechen.

---

[1] Steht bei den einzelnen Texten keine Quellenangabe, so wurden diese besonders für diese Textsammlung verfaßt.

13

3. Einfache Dialoge (III)

A. Rauchen Sie?

B. Ja, ich rauche, aber (ich rauche) nur Zigarren oder Pfeife, dagegen keine Zigaretten.

A. Aha. Hier haben Sie eine gute Zigarre.

B. Vielen Dank. Haben Sie Feuer?

A. Ich habe ein Feuerzeug, aber für die Pfeife ist ein Streichholz besser. Warten Sie einen Augenblick.

B. Gut.

A. So, hier haben Sie eine Schachtel Streichhölzer.

B. Danke!

A. Wollen Sie auch ein Glas Wein?

B. Danke, Wein ist mir zu stark.

A. Wollen Sie vielleicht etwas anderes? Ein Glas Bier oder eine Tasse Kaffee?

B. Vielleicht eine Tasse Kaffee.

A. Trinken Sie den Kaffee mit Milch und Zucker?

B. Mit Zucker, aber ohne Milch. Vielen Dank. Ihr Kaffee ist sehr gut. Woher ist er?

A. Er ist aus Brasilien.

4. Städte und Hauptstädte

Paris ist die Hauptstadt Frankreichs. Andere wichtige Städte sind Bordeaux, Lyon, Marseille und Straßburg. In vielen Ländern ist die Hauptstadt nicht die größte Stadt. Die größte Stadt der Schweiz ist Zürich, aber ihre Hauptstadt ist Bern. Die größte Stadt der Vereinigten Staaten und sogar der Welt ist New York, aber die Hauptstadt dieses Landes ist Washington. London ist gleichzeitig die Hauptstadt und der größte Hafen Englands. Der größte Hafen Deutschlands ist Hamburg. Rom, die Hauptstadt Italiens und Sitz des Heiligen Vaters, heißt auch die „Ewige Stadt".

5. Geographiestunde

Es gibt 4 Himmelsrichtungen: Norden, Süden, Osten und Westen. Die Sonne geht im Osten auf und im Westen unter. Die Erde hat 5 Kontinente: Europa, Asien, Afrika, Amerika und Australien. Die großen Weltmeere sind der Atlantische Ozean und der Stille Ozean. Die „kleinen" Meere Europas sind: das Mittelmeer, die Ostsee, die Nordsee und das Schwarze

Meer. England, Schweden, Norwegen, Dänemark, die Niederlande, Belgien, Luxemburg und Griechenland sind Monarchien; Deutschland, Österreich, die Schweiz, Frankreich, Italien und die Vereinigten Staaten sind Republiken.

6. Die Blumen

Viele Blumen haben einen symbolischen Wert: die Rose ist das Symbol Englands, die Distel das Symbol Schottlands, der Klee das Symbol Irlands. Die typische Blume Spaniens ist die Nelke.

Die Rose ist auch die Blume der Liebe, die Lilie ist das Symbol der Unschuld und das Veilchen das der Bescheidenheit.

7. Spanien

Die Hauptstadt Spaniens ist Madrid. Andere wichtige Städte sind Barcelona, Saragossa, Bilbao, Valencia, Sevilla und Valladolid. Spanien nimmt den größten Teil der Iberischen Halbinsel ein, die noch Portugal, das Gebiet von Gibraltar und die Republik Andorra umfaßt. Spanien ist eines der gebirgigsten Länder Europas. Die höchsten Gebirge des Landes sind die Pyrenäen, die Sierra de Guadarrama und die Sierra Nevada. Die wichtigsten Flüsse sind der Ebro, der Tajo, der Duero und der Guadalquivir. Spanien hat 50 Provinzen. Barcelona und Malaga haben einen Hafen.

8. Paris

Paris ist die Hauptstadt und die größte Stadt Frankreichs. Deutschland hat mehrere Kulturzentren, Frankreich hat nur einen geistigen Mittelpunkt: Paris. Die großen Theater, die bedeutenden Schulen, die größten Museen und die reichsten Bibliotheken befinden sich in Paris. Die französische Hauptstadt ist auch der wirtschaftliche Mittelpunkt des Landes und Sitz des Präsidenten der Republik, der französischen Regierung und des Parlaments. Paris ist auch die Hauptstadt der Mode.

9. Die Zeit[1]

Der Tag hat 24 Stunden, die Stunde 60 Minuten, die Minute 60 Sekunden. 7 Tage bilden eine Woche. Der Monat hat 30 oder 31 Tage. Der Februar

---

[1] Zum Üben und Wiederholen der Zahlwörter. In der Übersetzung sind die Zahlwörter am besten auszuschreiben. (Gilt auch für Nr. 10 auf Seite 16.)

hat 28 Tage, wenn das Jahr kein Schaltjahr ist. Das Jahr hat 52 Wochen. 100 Jahre bilden ein Jahrhundert, tausend Jahre ein Jahrtausend.

10. Die Familie

Die Familie besteht aus den Eltern (Vater und Mutter) und den Kindern (Söhnen und Töchtern). Ich habe zwei Schwestern und drei Brüder. Meine Mutter ist Witwe. Mein Großvater ist 75 Jahre alt, meine Großmutter 68 Jahre. Unsere Großeltern haben 4 Kinder und 17 Enkelkinder. Die älteste Enkelin ist 19 Jahre alt, andere Verwandte sind die Onkel und Tanten, die Vettern und Kusinen, die Neffen und Nichten.

11. Unser Garten

Wir haben einen großen Garten mit vielen Bäumen. Im Herbst geben uns die Obstbäume Äpfel, Birnen, Pflaumen und Nüsse. Im Winter bedeckt der Schnee den Garten. Im Frühjahr müssen wir viel im Garten arbeiten. Der Garten macht uns viel Freude. Im Sommer blühen dort viele Blumen.

12. Pyrenäen

Die Pyrenäen sind wie eine Mauer zwischen Spanien und Frankreich. Es gibt dort nur wenige Pässe. Wenige Straßen und Eisenbahnlinien verbinden die beiden Länder. Der höchste Berg der Pyrenäen ist der Pico de Aneto, der einen Gletscher hat. In einigen Tälern der Pyrenäen haben sich alte Volkstraditionen und Mundarten erhalten.

13. Madrid

Madrid wurde erst im Jahre 1561 unter König Philipp II. die Hauptstadt Spaniens. Es liegt im geographischen Mittelpunkt des Landes. Gegen 1900 war noch Barcelona die größte Stadt Spaniens. Die Bedeutung von Madrid als Entscheidungszentrum in der Politik, in der Wirtschaft, in der Kultur und vielen anderen Gebieten sowie das Entstehen zahlreicher Industrien in Madrid hat eine starke Zunahme der Bevölkerung zur Folge gehabt, und so ist Madrid heute nicht nur die Hauptstadt, sondern zugleich auch die größte und wichtigste Stadt Spaniens.

14. Sonntag

Der Sonntag ist der schönste Tag der Woche. Man kann länger schlafen, man muß nicht arbeiten, man zieht seine schönsten Kleider an und vergißt die Sorgen der Woche. Ist das wahr? Ist nicht manchmal ein Sonntag prosaisch? Sind nicht auch die übrigen Wochentage interessant? Sicher sind auch die Wochentage schön, sie sind nur anders als der Sonntag.

15. Die Jahreszeiten

Es gibt vier Jahreszeiten: den Frühling, den Sommer, den Herbst und den Winter. In den kälteren und gemäßigten Zonen sind die Jahreszeiten sehr ausgeprägt. Dort ist z. B. der Frühling ein langsames Erwachen der Natur. In anderen Ländern, z. B. im Mittelmeergebiet, geht der Übergang vom Winter zum Sommer sehr schnell vor sich, und man kennt eigentlich keinen Frühling wie in Deutschland oder Schweden. In den Tropen gibt es praktisch keine Jahreszeiten. Dort wechseln nur Zeiten der Dürre mit Regenzeiten ab.

16. Regensburg

Regensburg ist eine sehr alte Stadt mit einem Hafen an der Donau. Sein gotischer Dom von Sankt Peter ist sehr berühmt. Die alten, engen Gassen geben der Stadt ein mittelalterliches Aussehen. Regensburg ist Bischofssitz. In dieser Stadt gibt es aber nicht nur Kultur und Tradition, sondern auch verschiedene bedeutende Industrien.

17. Einfache Dialoge (IV)
A. Guten Tag.
B. Guten Tag, mein Herr. Womit kann ich Ihnen dienen?
A. Können Sie mir einen Anzug machen?
B. Sehr gerne, welche Art von Anzug wünschen Sie?
A. Einen Sommeranzug aus leichtem Stoff.
B. Ich habe eine große Auswahl an Stoffen. Welche Farbe wünschen Sie?
A. Dunkelblau oder Grau.
B. Ich habe hier einen Fresko, der sehr leicht ist, geradezu ideal für den Sommer.
A. Dieser Stoff gefällt mir gut. Können Sie gleich Maß nehmen?
B. Natürlich. Sie können am Freitag zur ersten Anprobe kommen.
A. Sehr gut. Vielen Dank. Auf Wiedersehen! Bis Freitag dann!

18. Der Rhein

Der Rhein entspringt in der Schweiz, fließt durch den Bodensee und bildet dann die Grenze zwischen Deutschland und Frankreich. In Holland mündet er ins Meer. Der Rhein umschließt die Geschichte Europas. Er ist der Fluß der Krieger und Denker. Er war und ist eine der Lebensadern Europas.

19. Regen

Der Tag ist grau. Es ist windig. Ich glaube, daß es bald regnen wird. Ich habe Angst vor dem Regen, denn ich habe keinen Mantel an. Die ersten Tropfen fallen, zum Glück finde ich einen alten Baum, der mich gegen den Regen schützt. Dort kann ich warten, bis der Regen vorbei ist.

20. Einfache Dialoge (V)

In einer Buchhandlung.
A. Guten Tag.
B. Guten Tag, mein Herr. Womit kann ich Ihnen dienen?
A. Haben Sie eine gute Grammatik und ein Wörterbuch der englischen (französischen, spanischen, italienischen, russischen) Sprache?
B. Ja, wir haben Grammatiken und Wörterbücher für alle Sprachen. Wollen Sie ein Taschenwörterbuch?
A. Ja. Wieviel kostet dieses hier bitte?
B. 8 Mark (90 Peseten, 9 Franken, 2 Dollar, 200 Lire, 50 Rubel).
A. Gut, ich nehme es.
B. Brauchen Sie noch andere Bücher?
A. Nein, danke schön, vielleicht ein anderes Mal.
B. Auf Wiedersehen!

21. Die Mancha

Die Mancha ist eine trockene Hochebene in Neukastilien. Sie hat heiße Sommer und kalte Winter. Der Wein und der Käse der Mancha sind berühmt. Ihre wichtigsten Städte sind Ciudad Real, Albacete, Tomelloso, Alcázar de San Juan. Die Mancha ist auch die Heimat Don Quijotes. Die in dem unsterblichen Roman von Cervantes erwähnten Dörfer existieren noch heute. Verschiedene Ortschaften streiten sich um die Ehre, die Heimat des großen Schriftstellers zu sein.

22. Bayern

Bayern ist ein Bauernland. Zwar gibt es heute Fabriken in den großen Städten, aber das echte Bayern ist das Land; das sind Bauernhöfe und Felder, Weiden und Wälder. Bayern hat wenig Bodenschätze und das Klima ist rauh wie die Menschen. Der Winter ist lang und kalt, im Sommer gibt es oft Gewitter und Hagel. Und trotzdem ist es ein schönes Land, denn die herbe Schönheit Bayerns ist seine Ursprünglichkeit, die Ursprünglichkeit der Landschaft und der Menschen. Der Bayer liebt das Echte, er ist kein Träumer, sondern ein Realist. Aber er liebt auch das Leben: gutes Essen, Feste mit Musik und Tanz.

23. Silvester

Wir haben ein interessantes Jahr verlebt. Es gab gute und schlechte Tage, aber das Jahr war nicht langweilig. Wir haben mit unserer Familie das Weihnachtsfest gefeiert. Heute denken wir an das neue Jahr. Was wird es uns bringen? Wir wollen Optimisten sein und keine Furcht vor der Zukunft haben. Wir wünschen euch allen ein glückliches neues Jahr.

24. Dreikönigstag

Der 6. Januar ist das Fest der Heiligen Drei Könige. In vielen Ländern, vor allem den katholischen, haben sich alte Volksbräuche erhalten. In Süddeutschland gehen drei Jungen, die die drei Könige darstellen, von Tür zu Tür und singen. Die Leute geben ihnen dann ein Trinkgeld.

25. Die Waffen der Tiere

Viele Tiere haben Waffen, um sich zu verteidigen. Der Löwe, der Tiger, der Panther, der Wolf und der Hund haben starke Zähne und scharfe Krallen. Der Elefant hat Stoßzähne und einen Rüssel. Der Stier, das Nashorn und der Büffel haben Hörner. Die Schildkröte hat einen Panzer, der Igel Stacheln. Vielen Tieren wie dem Hasen oder der Gazelle hat die Natur einen anderen Schutz gegeben: ihre Schnelligkeit.

26. Die Bäume

Man sagt, daß jedes Land einen typischen Baum hat. Man erwähnt den Ölbaum der griechischen Mythologie, den heiligen Feigenbaum der Inder, die Zypresse der Perser und die Birke der Slawen. Das ist vielleicht eine Verallgemeinerung, aber sie enthält doch ein wenig Wahrheit. Welches ist nun der typische Baum der Deutschen? Man sagt: die Eiche. Ist das wahr? Gibt es nicht auch in Frankreich und England und besonders in Nordamerika Eichen, vielleicht mehr Eichen als in Deutschland? Das ist richtig. Trotzdem betrachtet man die Eiche als Symbol des deutschen Volkes, vor allem seit Klopstock und den Romantikern. Diese Dichter hatten einen Grund: die Eiche war der heilige Baum vieler Germanenstämme. Ein anderer Baum, der in der deutschen Dichtung und Volksmusik eine große Rolle spielt, ist die

Linde. Sie ist der Mittelpunkt vieler Dörfer in Deutschland, und viele Geschichten, viele Chroniken und viele Gedichte erwähnen die Dorflinde als Schauplatz von Ereignissen.

27. Hernán Cortés

Hernán Cortés, der Eroberer von Mexiko, stammt wie die meisten spanischen „Conquistadores" aus Estremadura. Er wurde im Jahre 1485 in Medellín geboren. 1519 wurde er in Cuba zum Führer einer Expedition gegen Mexiko ernannt. Als er auf dem Festlande ankam, ließ er alle Schiffe verbrennen und gründete die Stadt Veracruz. Dann drang er ins Innere des Landes ein. Er besiegte die Eingeborenen und erreichte die Hauptstadt des Aztekenreiches. Der Kaiser der Azteken, Montezuma, wurde gefangengenommen und mußte die spanische Oberhoheit anerkennen. Nach mehreren blutigen Rebellionen der Azteken und mehreren Niederlagen der spanischen Armee siegte schließlich Cortés. Karl V. ernannte ihn zum Statthalter von Mexiko.

28. Die Früchte der Jahreszeiten

Die Früchte der Jahreszeiten sind in Deutschland wie ein Kalender. Im Frühjahr sieht man auf dem Markt die ersten Kirschen, die aus den Ländern des Südens kommen. Dann kommen die Erdbeeren mit ihrer schönen roten Farbe. Bald folgen Frühbirnen und Reineclauden. Der Sommer bringt uns Heidelbeeren und Himbeeren. In warmen Gegenden gibt es auch Pfirsiche. Nach dem Regen findet man Pilze im Wald. Im Herbst gibt es Äpfel und Birnen, Trauben und Nüsse. Im Winter kommen aus Spanien und Italien Orangen und Mandarinen.

29. Der deutsche Wald

Ein italienischer Schriftsteller sagte einmal: Was wäre Deutschland ohne Wald? Wir könnten uns die deutsche Landschaft ohne Wald kaum vorstellen. Auf die deutsche Literatur und Kunst hat der Wald entscheidenden Einfluß gehabt. Er hat Dichter und Komponisten inspiriert. Denken wir an die Wälder des Nibelungenliedes und der Romantiker, an Carl Maria von Weber und Wagner. Denken wir auch an die deutschen Maler des 19. Jahrhunderts, vor allem an Richter. Und vergessen wir auch nicht die schönen deutschen Märchen. So ist der Wald nicht nur ein Bestandteil der deutschen Landschaft, sondern auch der Geschichte der deutschen Kultur.

30. Orangen aus Valencia

Hier habe ich ein Schreiben aus Valencia mit einem Angebot von Orangen und Mandarinen. Das Schreiben enthält die genauen Angaben der Preise für die verschiedenen Qualitäten. Die Orangen und Mandarinen werden in Papier eingewickelt und in Kisten transportiert. Dieses Jahr wird die Ernte sehr gut sein, vor drei Jahren war sie wegen des starken Frostes sehr schlecht.

31. Die Niederlande

Die Niederlande haben 10 Millionen Einwohner. Die Hauptstadt des Landes ist Amsterdam, aber Sitz der Regierung und Residenz der königlichen Familie ist der Haag. Das Land ist eben. Die Windmühlen und Tulpenfelder sind typische Bestandteile der holländischen Landschaft. Der größte Maler Hollands war Rembrandt.

32. Der Morgen

Die Nacht ist vergangen, man sieht nur noch wenige Sterne. Bald geht die Sonne auf. Die Vögel beginnen zu singen. Im Dorf weckt der Hahn die Bauern. Die Kinder stehen auf. Die Mutter bereitet das Frühstück. Dann beginnen die Eltern ihre Arbeit und die Kinder gehen in die Schule.

33. Stockholm

Die schwedische Hauptstadt vereinigt die Lebhaftigkeit einer Weltstadt mit der Ruhe der Provinz. In den Hauptstraßen ist der Verkehr wie in London, Paris oder Rom, daneben gibt es stille Plätze, wo man ausruhen kann. Ein Ausflug zu den vielen Inseln in der Umgebung Stockholms lohnt sich immer.

34. Mallorca

Mallorca ist ein kleines Paradies. Die Hauptstadt der Insel, Palma de Mallorca, hat einen Hafen und einen Flughafen. Ihre Kathedrale sieht man schon von weitem. Palma bietet dem Fremden viele Sehenswürdigkeiten. In schönen Läden kann man Andenken, die guten und schlechten Geschmack verraten, kaufen. Der Strand von Mallorca ist wegen seiner Schönheit berühmt.

35. Tiere sind mehr wert als Menschen

Man verglich vor einiger Zeit in Deutschland die Honorare der Ärzte mit denen der Tierärzte. Das Ergebnis dieses Vergleiches war überraschend. Ein Tierarzt erhielt für die Untersuchung eines großen Tieres 6 Mark, für Hunde und Katzen 5 Mark, für Geflügel und Kaninchen 3 Mark. Der Arzt bekam für die Untersuchung eines Menschen nur 2 Mark.

36. Rom

Rom, die Hauptstadt Italiens und Sitz des Papstes, ist auch heute noch eines der bedeutendsten Kulturzentren der Erde. Die Stadt, die im 7. Jahrhundert vor Christi Geburt auf sieben Hügeln erbaut wurde, hat heute fast 2 Millionen Einwohner. Viele Denkmäler des klassischen Altertums zeugen von der Größe des römischen Reiches. Aber auch etwa 400 Kirchen und 200 Kapellen geben der Stadt ihr besonderes Gepräge. Der Bau der berühmten Peterskirche wurde 1455 begonnen.

37. London

London ist nicht nur die Hauptstadt des Vereinigten Königreiches, das aus England, Wales, Schottland, Nordirland und einer Reihe von Inseln besteht, sondern auch die Hauptstadt eines großen Reiches, das offiziell „Britisches Commonwealth" heißt. London ist aber auch die zweitgrößte Stadt Europas, einer der größten Häfen der Welt, ein großes Zentrum des internationalen Flugverkehrs sowie eines der bedeutendsten Handels- und Börsenzentren. Keine andere europäische Hauptstadt hat eine so internationale Atmosphäre wie London, nicht einmal Paris.

38. Schweden

Schweden, das größte der skandinavischen Länder, ist ein Land, von dem man viel spricht, das aber verhältnismäßig wenige Deutsche, Engländer, Franzosen, Amerikaner usw. kennen. Dies ist wohl mehr seiner geographischen Lage als irgendwelchen anderen Ursachen zuzuschreiben, denn das Land ist interessant und bietet dem Reisenden sehr viele Möglichkeiten. Die Geschichte Schwedens ist, wie man einmal gesagt hat, eine Mischung aus Abenteuern, Kriegen und Schwermut. Die schwedische Landschaft hat, auch wenn die Sonne leuchtet, stets eine gewisse Melancholie. Die Hauptstadt Schwedens, Stockholm, liegt etwas südlicher als Leningrad und nördlicher als Moskau. Sie wurde im Jahre 1255 gegründet, um als Festung gegen die Seeräuber der damaligen Zeit zu dienen, aber erst im 17. und 18. Jahrhundert wurde die Stadt so berühmt, daß man sie die Hauptstadt der Ostsee nennen konnte.

39. Die Milch

Milch ist ein wertvolles Nahrungsmittel. Die Milch, die wir trinken, ist meist Kuhmilch. Es gibt aber auch Schaf- und Ziegenmilch. Heute kennen wir dank den Fortschritten der Technik neben der frischen Milch auch Trockenmilch (Milchpulver) und Kondensmilch. Aus der Milch gewinnt man Sahne, Butter, Käse, Quark und Milchzucker. Die besten Milchkühe geben bis zu 5000 Liter Milch im Jahr.

40. Die Basken

Der Ursprung dieses Volkes ist uns ebensowenig bekannt wie der der baskischen Sprache. Es gibt über beide Fragen eine ganze Anzahl von Theorien, aber keine von ihnen vermag uns vollständig zu überzeugen. Das Gebiet, wo die Basken lebten und wo man Baskisch sprach, hatte früher eine größere Ausdehnung; heute leben etwa 800 000 Basken, teils im äußersten Südwesten Frankreichs, teils in den spanischen Provinzen Alava, Biskaya und Guipuzcoa. Die Basken pflegen ihre Tradition sehr und noch heute sind viele volkstümliche Lieder, Tänze und Sitten erhalten. Eine halbe Million Basken leben in Amerika. Der Nationalsport der Basken ist das Pelotaspiel.

40a. Die russische Sprache

Das Russische ist eine schöne, klangvolle Sprache. Es wird von ungefähr 120 Millionen Menschen gesprochen. Russisch gehört zur Familie der slawischen Sprachen. Andere slawische Sprachen sind Ukrainisch, Polnisch, Tschechisch, Slowakisch, Slowenisch, Serbokroatisch und Bulgarisch. Die ältesten Denkmäler des Russischen stammen aus dem 11. Jahrhundert. Russisch wird nicht in lateinischer, sondern kyrillischer Schrift geschrieben. Der Name dieser Schrift geht auf den Apostel Kyrill zurück, der als ihr Schöpfer angesehen wird. Nach 1917 wurde die russische Orthographie vereinfacht.

ABSCHNITT II

41. Fabeln und Anekdoten

a) Der Fuchs und der Storch

„Du bist viel gereist", sagte der Fuchs zum Storch, „erzähl mir doch etwas von den Ländern, die du gesehen hast."

Der Storch nannte ihm jeden Sumpf, jede Wiese, wo er die schmackhaftesten Würmer und die fettesten Frösche geschmaust hatte.

„Ich sehe, daß du deine Zeit gut ausgenützt hast", antwortete der Fuchs. Diese Fabel zeigt uns, daß das Reisen einen Dummkopf nicht klüger macht.

b) Der Hofnarr und sein Herr

Ein Hofnarr hatte seinen Fürsten schwer beleidigt. „Du sollst dein Vergehen sofort mit deinem Leben büßen", sagte letzterer ganz erzürnt, „bereite dich zum Tode vor!"

Der Schuldige warf sich zu Boden und bat um Gnade. „Ich gewähre dir eine einzige Gunst", sagte der Fürst: „Ich lasse dir die Freiheit, die Todesart selbst zu wählen. Entscheide rasch!"

Der Hofnarr antwortete: „Da Ihr mir die Wahl lasset, so will ich an Altersschwäche sterben."

Der Fürst lachte über diese geistreiche Antwort und begnadigte seinen Hofnarren.

c) Treffende Antwort

Ein Dummkopf verspottete einen intelligenten Mann wegen der Länge seiner Ohren. „Ich will gerne zugeben", entgegnete dieser, „daß ich sie für einen Menschen zu lang habe; aber Sie werden auch zugeben, daß die Ihrigen für einen Esel zu kurz sind."

d) Angestellte beim Fundbüro

„Mein Herr, mein Mann hat seine Vesper vergessen", sagt eine Frau an der Schwelle ihres Hauses zu einem Passanten, „würden Sie ihm diese Brote in den Autobus legen?"

„In welchen Autobus?" fragte der Fremde ungläubig.

„In irgendeinen ... er arbeitet ja im Fundbüro!"

42. Das alte Auto

Ein junger Filmschauspieler sprach kürzlich mit Freunden über den Kauf eines neuen Wagens. Im Verlaufe des Gespräches erklärte er: „Ich muß meinen alten Wagen verkaufen. Jedesmal wenn ich irgendwo parke, kommt ein Polizist und fragt mich, ob ich den Unfall schon der Polizei gemeldet habe."

43. Marokko

Das Königreich Marokko, das bis 1956 spanisches und französisches Protektorat war, ist heute ein moderner unabhängiger Staat. Seine Hauptstadt ist Rabat. Die Stadt Fez hat heute noch 130 Moscheen, die von Europäern nicht betreten werden dürfen. Marrakesch ist die schönste Stadt Marokkos, Casablanca die modernste Weltstadt des afrikanischen Kontinents. Casablanca hat fast eine Million Einwohner. Neben der alten Medina, dem Araberviertel, finden wir breite Boulevards mit eleganten Geschäften.

44. Die Schweiz

Das Beispiel der Schweiz zeigt uns, daß auch Menschen, die verschiedene Sprachen sprechen, in einem Staat miteinander leben können, denn man spricht in dem Lande, das offiziell die Schweizerische Eidgenossenschaft heißt, vier Sprachen: Deutsch, Französisch, Italienisch und Rätoromanisch. Die Hauptstadt der Schweiz ist Bern, ihre größte Stadt hingegen Zürich. Neben der Industrie spielt der Fremdenverkehr eine bedeutende Rolle, denn die Schweiz hat sehr schöne Landschaften, vor allem in den Alpen, sie besitzt aber auch eine Reihe schöner Seen im Flachland.

45. Der zweite Weltkrieg

Der zweite Weltkrieg begann mit der deutschen Invasion in Polen am 1. September 1939 und endete mit der bedingungslosen Kapitulation Deutschlands am 7. Mai 1945 und der Japans am 31. August des gleichen Jahres. Er brachte der Menschheit unsagbares Leid und zerstörte die Vormachtstellung Europas. Die siegreichen Demokratien konnten zwar die totalitären Regime beseitigen, aber unglücklicherweise brachte das Ende des Krieges der Menschheit keinen dauerhaften Frieden, sondern es folgte eine Zeit internationaler Spannungen, örtlicher Konflikte und der „Kalte Krieg". Wann werden die Menschen aus den vielen Kriegen, den Opfern und den Leiden von Millionen die Lehre ziehen?

46. Die Luft

So wie wir nicht ohne Wasser leben können, brauchen wir auch unbedingt Luft, um leben zu können. Die Luft bildet um die Erdkugel herum eine Schicht, die Atmosphäre heißt. Ohne Luft könnten wir nicht atmen und ohne Luft gäbe es auch kein Pflanzen- und Tierleben. Die Luft besteht aus Sauerstoff und Stickstoff; sie enthält aber auch Wasserdampf und kleinste Mengen anderer Gase.

47. Unsere Nahrung

Es gibt Nahrungsmittel tierischen Ursprungs wie Fleisch, Fisch, Milch, Butter, Käse, Honig, Eier und Nahrungsmittel pflanzlichen Ursprungs wie Brot, Reis, Obst, Gemüse, Zucker, Wein, Bier usw. Was die Fette und Öle betrifft, so gibt es Tierfette wie Butter, Schweinefett und Pflanzenfette wie Olivenöl. Die Pflanzenfette sind für den Organismus gesünder.

48. Kairo

Die größte arabische Stadt Afrikas, die Hauptstadt Ägyptens, ist eine der faszinierendsten Städte der Welt. Geschichte und Gegenwart berühren sich. Zu den Pyramiden und zur Sphinx von Gizeh gelangt man mit der Straßenbahn oder einem Taxi. Die Museen Kairos bergen einzigartige Schätze. Man reist in ein Land, das eigentlich eine einzige Sehenswürdigkeit ist. 6 Jahrtausende Menschheitsgeschichte haben hier ihre Spuren hinterlassen, steinerne Zeugnisse, die einst zu den Weltwundern zählten.

Ägypten hat das ganze Jahr über angenehmes, trockenes und sonniges Klima.

In den Basars ist das orientalische Leben wie vor Jahrhunderten, hier feilscht man, weil es Freude macht. Wenn Sie einige der wundervollen Handarbeiten aus Leder, Silber oder Elfenbein als Andenken kaufen wollen — lassen Sie sich Zeit. „Gott hat dem Menschen die Zeit gegeben, aber von Eile hat er nichts gesagt —" sagen die Araber.

(Aus „Der Globetrotter", Nachrichten des Maxburg-Reisebüros, München)

49. Eine freche Wette

Ein Berliner machte einmal während einer Eisenbahnfahrt eine Wette, er könne ohne Fahrkarte den Bahnhof verlassen, und der Stationsvorsteher müßte sich noch bei ihm entschuldigen. Er bat nur einen der Mitreisenden um seine Fahrkarte, plauderte lustig weiter und schrieb dabei unbemerkt die

Buchstaben seines Namens mit Bleistift auf die Rückseite der Karte. Dann gab er die Fahrkarte zurück. Natürlich hatte keiner der Mitreisenden das Beschreiben der Karte gesehen. Bei der Ankunft des Zuges stieg er aus, ging einige Zeit auf dem Bahnsteig auf und ab, kam als letzter an die Sperre und wollte ohne weiteres an dem Beamten vorübergehen.

Der Beamte rief ihn an: „Bitte, Ihre Fahrkarte!" — Scheinbar verwundert erwiderte der Gefragte: „Meine Fahrkarte? Die habe ich Ihnen doch schon vorhin gegeben. Ich ging ja als einer der ersten durch die Sperre! Erinnern Sie sich nicht? Ich mußte noch einmal zum Zuge zurückgehen, weil ich etwas vergessen hatte!" Selbstverständlich erinnerte sich der Beamte nicht, verlangte noch einmal die Fahrkarte und wurde schließlich böse. Der Fahrgast wurde noch wütender und verlangte den Stationsvorsteher. Bei diesem beschwerte er sich über den Beamten und sagte endlich: „Zum Glück kann ich die Wahrheit meiner Angaben beweisen. Ich schreibe stets auf die Rückseite meiner Fahrkarte die Buchstaben meines Namens." Die abgegebenen Karten wurden durchgesehen, und man fand diejenige unseres Reisenden. Die beiden Beamten entschuldigten sich nunmehr, und der freche Berliner hatte seine Wette gewonnen.

50. Portugal

Portugal, das aus den festländischen Provinzen sowie Madeira und den Azoren besteht, ist ein schönes und ein interessantes Land. Sein Charakter wird in hohem Maße durch das Meer bestimmt, denn das Land hat 550 Kilometer Küsten. Die Hauptstadt Lissabon, die vor der Mündung des Tejo liegt, ist eine der schönsten Städte Europas. Portugal ist ein Land der Kontraste, neben grünen Weiden am Gebirge finden wir trockene Landschaften, besonders im Süden. Der Gegensatz zwischen arm und reich ist in Portugal noch ausgeprägter als in Spanien. Mit der Revolution von 1974 hat in Portugal eine neue Epoche begonnen.

51. 700 Millionen Analphabeten

Über 40 Prozent der auf der Welt lebenden Erwachsenen, insgesamt 700 Millionen Bewohner aller Erdteile, sind nach einer von der UNESCO zusammengestellten Statistik noch immer Analphabeten. Etwa ein Drittel davon leben im Süden Zentralasiens, über ein Viertel in Ostasien. In Mittel- und Südamerika verzeichnet die Statistik über 40 Millionen Analphabeten, und in den europäischen Staaten gibt es etwa 20 Millionen Erwachsene, die nicht lesen und schreiben können.

52. Der Odenwald

Der Odenwald ist heute noch ein rauhes Bergland. Mit seinen Wäldern verbinden sich viele Sagen und das Nibelungenlied nennt ihn als Siegfrieds Jagdrevier. Gewiß ist das Gebiet des Odenwalds arm, es gibt aber auch eine Reihe von Meisterwerken der Kunst, die wert sind, entdeckt zu werden. „Das Glück wohnt in den kleinen Tälern." Dieser Ausspruch des französischen Dichters Jean Giono gilt auch für die Odenwaldtäler. Hier weht aus dem Wald selbst an heißen Tagen angenehme Frische. Man ißt gern den Bauernkäse oder den Schinken dieser Gegend. Hier ist es billig wie kaum in einem anderen Reisegebiet. Es gibt viele Gasthäuser und ländliche Pensionen. Ein wenig abseits vom Wege herrscht die Stille, die das echte Ferienglück ist. Der Odenwald hat einen anderen Charakter als der Schwarzwald und der Spessart und auch vom benachbarten Taunus unterscheidet er sich. Er ist überall anmutig, seine Anmut ist wie die der alten Heldensagen.

(Gekürzt, nach einem Artikel der „Esso-Tank-Post")

53. Ordnung

Ein Junggeselle führte mich durch sein neues Haus und ich mußte ihn wegen seiner Ordnung loben. Bald sah ich, wie ich recht hatte, als wir in die Bibliothek kamen. Mein Freund hatte die Bücher nicht nur sorgfältig in drei Abteilungen geordnet, sondern jede Abteilung auch noch durch ein sauber handgeschriebenes Schildchen gekennzeichnet. Auf dem Schild der ersten und kleinsten Gruppe stand: Bücher, die ich gelesen habe. Das Schild der zweiten, etwas größeren Gruppe trug die Aufschrift: Bücher, die ich lesen will. Und die Bezeichnung der dritten, weitaus größten Gruppe lautete: Bücher, die ich wohl nie lesen werde.

54. Rhodos

Rhodos, die Insel der Rosen, ist die schönste und größte Insel des Dodekanes; sie ist 18 Kilometer von der kleinasiatischen Küste entfernt. Das Klima bietet das ganze Jahr über die Möglichkeit, herrliche Ferien auf Rhodos zu verbingen, denn auch in den warmen Sommermonaten ist ein Aufenthalt trotz der südlichen Lage erträglich. Um diese Zeit erhebt sich gegen Mittag regelmäßig ein frischer, kühlender Westwind, dem Rhodos schon im Altertum den Namen „Insel der Winde" verdankte und der die Bewässerung weiter Anbauflächen dank den zahlreichen Windmühlen ermöglicht.

Schon ab Januar blühen viele Blumen, die das Herz eines jeden Botanikers erfreuen würden. Gleichzeitig reifen Orangen und Zitronen und entlang der Küste frühe Tomaten.

Der Herbst hat gleich dem Frühjahr besonderen Reiz. Es gibt Obst und besonders Weintrauben in Hülle und Fülle und die Luft ist von unvorstellbarer Klarheit. Die Sonnenuntergänge sind unvergeßlich. Und bis spät in den Oktober lädt das blaue Meer zum Baden ein.

(Aus „Der Globetrotter", Nachrichten des Maxburg-Reisebüros, München)

55. Istanbul

Konstantinopel oder, wie es früher hieß, Byzanz, die größte Stadt der Türkei, ist eine der wichtigsten Handelsmetropolen im östlichen Mittelmeerraum. Seine Moscheen gehören zu den großartigsten der Welt des Islams, die Schätze seiner Paläste aus drei geschichtlichen Epochen erstaunen nach wie vor den Besucher.

Das Klima ist im allgemeinen warm und angenehm, man kann dieselbe Kleidung wie in Deutschland, den Jahreszeiten entsprechend, tragen, obwohl der Sommer wärmer, der Winter etwas milder ist. In der Türkei gibt es auch gute Weine; eine der bekanntesten Marken ist „Kavaklidere".

56. Renaudot

Vor genau dreihundert Jahren wurde von Renaudot die erste Zeitung in Frankreich begründet, ein Ereignis, dessen Bedeutung wir besser zu beurteilen wissen als die Zeitgenossen Renaudots selbst. Was sein Leben anbelangt, so ist das einzige, was uns interessieren kann, die Tatsache, daß er 1632, aus Italien zurückkommend, ein Wochenblatt erscheinen ließ, betitelt „La Gazette". Schon vor jener Zeit hatte es in anderen Ländern ähnliche Unternehmungen gegeben. Denken wir an die „Fliegenden Blätter", welche schon seit Ende des 15. Jahrhunderts die Buchdruckerkunst in Umlauf gesetzt hatte und die ausschließlich dazu dienten, Nachrichten zu verbreiten. Wenn demnach Renaudots Schöpfung nicht eigentlich original ist, so hat sie doch eine ganz besondere Bedeutung; sie ist die erste politische Zeitung in Europa. Der damals herrschende König Ludwig XIII. und sein hervorragender Staatsmann Richelieu verschmähten es nicht, an der Gazette de France mitzuarbeiten. Später wurde sie zum amtlichen Regierungsorgan.

Die Staatsmänner jener Zeit können sich rühmen, zuerst die Wichtigkeit der Presse erkannt zu haben. Die Gazette erschien zunächst nur alle acht Tage. In Leipzig wurde 1660 von Ritsch die erste tägliche Zeitung in Europa begründet. Frankreich ist diesem Beispiel erst mehr als hundert Jahre später gefolgt. Freilich, die Zeitung, so wie wir sie auffassen, bestand noch nicht. Niemand hätte es gewagt, eine Meinung zu bekunden, die der strengen Zensur mißfallen konnte. Die Pressefreiheit ist eine Errungenschaft des neunzehnten Jahrhunderts; erst nach erbitterten Kämpfen ist dieses Ziel erreicht worden.

(Bayerische Reifeprüfung 1932)

57. Eine Reise nach Afrika

Wenn wir von Mitteleuropa nach Zentralafrika reisen, so führt uns unser Weg über zwei Meere, ein Meer von Wasser, das Mittelmeer, und ein Sandmeer, die Sahara. Das eigentliche „schwarze Afrika" beginnt erst südlich der Sahara. In Nordafrika leben meist mohammedanische Völker, verschiedenen Ursprungs, zum Teil haben sie den Islam und die arabische Sprache angenommen, zum Teil sprechen sie noch, wie die Tuareg, ihre eigene Sprache. Die Völker der südlichen Sahara haben sich vielfach mit Negern aus dem benachbarten schwarzen Gebiet vermischt. Die Gesamtbevölkerung der Sahara beträgt ca. 1 500 000 Einwohner, von denen mehr als 75% Nomaden sind.

Der Europäer kann sich die wirklichen Ausmaße der Sahara kaum vorstellen. Die Ausdehnung dieses unendlichen Gebietes beträgt von Norden nach Süden 15 000 km, das bedeutet, daß man mit dem Auto zwei Wochen braucht, um dieses Sandmeer zu durchqueren, in dem die wenigen Oasen wie Inseln im Ozean sind. Erst südlich der Sahara, dort wo das Sandmeer langsam zur Steppe wird, beginnt das schwarze Afrika. Dort sieht man auch mehr und mehr die für Afrika typischen Tiere: Gazellen, Strauße und Geier. Je weiter man nach Süden kommt, desto mehr geht die Steppe in grüne Landschaft über, man sieht erst mehr Bäume, dann Baumgruppen, dann Wälder, die Luft wird feuchter. Antilopen, Büffel, Warzenschweine, Löwen und Elefanten werden zahlreicher. Wir haben Zentralafrika erreicht.

58. Sinnreiche Antwort

Charles Dickens befand sich eines Tages mit einem seiner Freunde auf dem Lande. Die Unterhaltung fiel auf die Erziehung der Kinder, eines der Lieblingsthemen des berühmten Schriftstellers.

Dickens' Freund, ein ernsthafter und „praktischer" Mann, behauptete, daß man die Phantasie bei den Kindern soviel als möglich niederhalten müsse.

Dickens antwortete nichts und begnügte sich damit, zu lächeln. Indessen kommt durch das offene Fenster ein Schmetterling herein, dessen Flügel in den reichsten Farben schillerten.

„Was machen Sie?" sagte Dickens' Freund, als er sah, daß dieser sich des armen Tierchens bemächtigte; „lassen Sie ihm doch die Freiheit."

Dickens entfernte mit Hilfe seines Fingers den glänzenden Staub, welcher die Flügel des Schmetterlings färbte, und ließ ihn dann fliegen.

„Aber mein lieber Freund", sagte der „praktische Mann, „Sie sind ja ein Barbar."

„Durchaus nicht", meinte Dickens, „ich habe nur Ihre Grundsätze angewandt, indem ich dieses Insekt von einem lästigen Schmuck befreite, welcher es am Fliegen gehindert hätte."

59. Durst und Geldbeutel

Eines Abends plauderte der Dichter August Strindberg (1849 bis 1912) mit einigen Freunden in einer Weinstube. Es war nicht mehr das erste Glas, und doch wurde Strindberg plötzlich ernst, zog seine Geldbörse hervor, öffnete sie und starrte lange und nachdenklich hinein. „Was hast du denn?" fragten endlich seine Freunde. Der Dichter antwortete: „Ich sehe nur nach, ob ich noch Durst habe."

60. Die Fische im Winter

Ist es nicht erstaunlich, daß trotz strengstem Frost die Fische nicht in den Seen erfrieren? Wenn beispielsweise 10 Grad Kälte sind und auf den Seen eine dicke Eisschicht liegt, dann ist die Temperatur unter dem Eise genau null Grad. Aber dort halten sich die Fische im Winter niemals auf, denn sie leben dann ganz tief unten am Grund der Seen. Hier ist es nämlich durchaus erträglich, weil die Wassertemperatur vier Grad über Null beträgt.

61. Prahlerei

Ein Gaskogner und ein Pariser hatten zusammen Streit gehabt. Man versöhnte sich sogleich wieder. „Sie können von großem Glück sagen", sagt der Gaskogner zum Pariser, „daß Sie mich so friedfertig gefunden haben; wenn Sie mich etwas mehr erzürnt hätten, würde ich Sie so hoch in die Luft geworfen haben, daß die Mücken Zeit gehabt hätten, Sie aufzufressen, ehe sie wieder zur Erde gekommen wären."

62. Zerstreutheit

Newton, der berühmte englische Philosoph, war eines Morgens tief in seine Studien versenkt, als seine Haushälterin ihm zum Frühstück ein Ei brachte, das sie in einem kleinen Topf mit Wasser kochen wollte. Newton, der allein zu sein wünschte, sagte, daß er dies selbst tun werde. Die Haushälterin legte das Ei neben die Uhr ihres Herrn auf den Tisch und sagte ihm, daß es drei Minuten kochen müsse. Einige Zeit nachher kam sie wieder, um abzutragen. Zu ihrem großen Erstaunen fand sie ihren Herrn vor dem Kamin stehend, das Ei in der Hand haltend und die Uhr im Topf kochend.

63. Karl V. und die Räuber

Kaiser Karl V. der sich auf der Jagd verirrt hatte, fand mitten im Walde eine Hütte und trat ein, um sich zu erfrischen. Er traf darin vier Männer, die taten, als ob sie schliefen. Nach einiger Zeit stand der erste von ihnen auf, näherte sich dem Kaiser und sagte zu ihm: „Ich habe geträumt, ich müßte dir deine Uhr abnehmen." Der zweite sagte, er hätte geträumt, daß sein Mantel ihm wohl passen würde. Der dritte nahm ihm seine Börse weg; der vierte endlich bat ihn, es ihm nicht übelzunehmen, wenn er seine Taschen durchsuchte. Als er dies tat, bemerkte er an seinem Halse eine goldene Kette, an welcher eine Pfeife hing, die er ihm abnehmen wollte.

„Aber mein Freund", sagte der Kaiser, „ehe Ihr mir meine Pfeife nehmt, erlaubt, daß ich Euch ihre geheime Kraft zeige", und er pfiff.

Seine Leute, die ihn suchten, hörten das Signal und eilten herbei; sie waren nicht wenig überrascht, ihn in diesem Zustand zu finden. Als der Kaiser außer Gefahr war, sagte er: „Diese Leute haben mir erzählt, was sie geträumt haben. Ich muß ihnen auch meinen Traum erzählen. Ich also habe geträumt, daß sie alle vier gehängt würden."

Einen Augenblick später lebten die Räuber nicht mehr.

64. Die Hundert Tage

Noch stritten sich die Gesandten der europäischen Mächte in Wien über die neue Ordnung der Dinge, da erfuhren sie plötzlich, daß Napoleon mit 900 Mann bei Cannes in Südfrankreich gelandet sei. Von der Insel Elba aus hatte er alle Vorgänge auf dem Festlande verfolgt und als er die Fehler bemerkte, die die Bourbonen begingen, rief er verächtlich aus: „Sie haben nichts gelernt und nichts vergessen." Hauptsächlich waren es die mit der königlichen Familie zurückgekehrten Emigranten, welche Ludwig XVIII. zu Maßnahmen drängten, die im ganzen Lande Unzufriedenheit hervorriefen. Wie groß diese auch sein mochte, so verließ sich Napoleon doch vor allem auf die Anhänglichkeit seiner alten Waffengefährten, da er recht wohl wußte, daß die Mehrzahl der Franzosen ihn mit offenen Armen empfangen würde, sobald sich das Heer für ihn erklärt hätte. Auch zweifelte er nicht, daß die alten Soldaten dem Anblick der Trikolore nicht wiederstehen könnten. Und er sah sich in seinen Erwartungen nicht getäuscht. Sein Zug nach Paris glich einem Triumphzuge. Die kaiserlichen Adler flogen, wie er vorhergesagt hatte, von Kirchturm zu Kirchturm, und als er in die Tuilerien einzog, trugen ihn die Offiziere auf ihren Armen hinauf in die Gemächer des ersten Stockes.

(Bayerische Reifeprüfung 1904)

65. Der teuerste Film der Welt

Der bekannte Roman „Ben Hur" von Lewis Wallace, der bereits zwischen den beiden Weltkriegen als Schwarzweiß-Tonfilm verfilmt worden war, wurde von dem bekannten amerikanischen Regisseur Cecil B. de Mille 1958—1959 zum zweiten Mal verfilmt und zwar als Farbfilm für Breitleinwand. Die Herstellung dieses Films, der in Rom gedreht wurde, erforderte einen großen Kapitalaufwand. Es mußten historische Bauten von Ausmaßen, wie man sie nie vorher für einen Film gebaut hatte, errichtet werden, besonders die riesige Arena, in der die Szenen des Wagenrennens, die den Höhepunkt des Filmes bilden, gedreht werden sollten. Um dieses Wagenrennen überhaupt darstellen zu können, mußten 82 Pferde und die Fahrer der Vierergespanne monatelang trainieren. Bei dieser Szene wirkten 15 000 Statisten mit. Die Arena war von 1000 Handwerkern erbaut worden, die 300 000 Meter Holzbretter und 500 000 Kilogramm Gips verarbeitet hatten. Trotz der hohen Kosten hat der Film einen hohen Gewinn eingebracht und wird immer wieder aufgeführt.

ABSCHNITT III

A. Allgemeine Texte

66. Der Wolf

Der Wolf besitzt alle Begabungen eines Hundes: dieselbe Kraft und Ausdauer, dieselbe Sinnesschärfe und denselben Verstand. Aber er ist einseitiger und erscheint weit unedler als der Hund, unzweifelhaft deshalb, weil ihm der erziehende Mensch fehlt. Sein Mut steht in gar keinem Verhältnis zu seiner Kraft. Solange er keinen Hunger fühlt, ist er eines der feigsten und furchtsamsten Tiere, die es gibt. Er flieht dann nicht nur vor Menschen und Hunden, vor einer Kuh oder einem Ziegenbock, sondern auch vor einer Herde Schafe, sobald die Tiere sich zusammenrotten und ihre Köpfe gegen ihn richten. In der Tierfabel wird er als tölpelhafter Geselle dargestellt, welcher sich fortwährend überlisten und betrügen läßt: dieses Bild entspricht jedoch nicht der Wirklichkeit. Der Wolf gibt dem Fuchs an Schlauheit, List, Verschlagenheit und Vorsicht nicht das geringste nach, übertrifft ihn womöglich noch darin. In der Regel benimmt er sich den Umständen angemessen, überlegt, bevor er handelt, und weiß auch in bedrängter Lage noch den rechten Ausweg zu finden. Seine Sinne sind ebenso scharf wie die des Haushundes, Geruch, Gehör und Gesicht gleich vortrefflich. Daß er leises Geräusch in bedeutender Entfernung vernimmt und zu deuten weiß, ist sicher Ebenso versteht er genau, welchem Tiere eine gute Fährte angehört, die er zufällig gefunden hat. Er folgt dieser dann, ohne sich um andere zu bekümmern. Seine Feigheit, seine List und die Schärfe seiner Sinne zeigen sich bei seinen Überfällen. Er ist dabei überaus vorsichtig, um seine Freiheit nicht aufs Spiel zu setzen. (Nach „Brehms Tierleben")

67. Erzeugnisse des Fernen Ostens

a) Seide

Die Herstellung der Rohseide setzt das Vorhandensein des Maulbeerbaumes voraus. Für ihn sind am günstigsten die ostasiatischen Monsungebiete Japans und Chinas, wo die Kunst, den Seidenkokon abzuwickeln, jahrtausendealt ist. Während der der Seidenraupe Futter liefernde Maulbeerbaum in Deutschland selten ist, hat seit dem Mittelalter seine Anpflanzung im Mittelmeergebiet, in der Po- und Rhoneebene wie in der spanischen Provinz Valencia gute Fortschritte gemacht. Jedoch ist die Erzeugung Ostasiens nie erreicht worden. Neben dem Klima mögen dabei die billigen Arbeitslöhne Ostasiens und die Erfahrung in der Behandlung der Seidenraupen mitsprechen. Heute sind Nylon und Perlon eine starke Konkurrenz für die Seide.

b) Tee

Der Tee ist eine Pflanze des Monsungebietes. Er ist im Gegensatz zu den meisten Tropenpflanzen anderswo nirgends mit wesentlichem Erfolg angebaut worden.

In China ist der Tee schon seit Jahrhunderten bekannt. In Europa hat sich die Sitte des Teetrinkens von Holland aus im 17. Jahrhundert verbreitet. Bis 1880 stand China an der ersten Stelle der Ausfuhrländer, heute versorgt es mit seinem Tee noch Innerasien, Osteuropa, in geringerem Maße Mitteleuropa. Indien und Ceylon beliefern hauptsächlich Westeuropa, während Indonesien und Japan nach Amerika ausführen.

(Nach Fischer-Geistbeck, Die staatliche und wirtschaftliche Gestaltung der Erde, 1942).

68. Wintersport in den Alpen

a) in Oberbayern

Garmisch-Partenkirchen (720 — 2963 m). Als bekanntester deutscher Wintersportplatz verdankt Garmisch-Partenkirchen seinen Ruf nicht nur seiner einmaligen Lage im Tal der Loisach am Fuße eines gewaltigen Bergmassivs, sondern vor allem auch seinen modernen Sportanlagen, Fremdenverkehrseinrichtungen und Hotels. Garmisch-Partenkirchen, das sich trotz seiner internationalen Berühmtheit ländlichen Charakter bewahren konnte, ist ein Ferienparadies für jedermann. Eine Anzahl Skilifte, Bergbahnen, das große Eisstadion, das Theater und schöne Ausflugsziele in der nahen Umgebung erfüllen die Wünsche von Sportlern und Naturfreunden.

b) in Österreich

Österreich birgt in seinen Tälern eine Vielzahl kleiner, idyllischer Dörfer und eleganter Kurorte, deren Namen in aller Welt bekannt sind, für den Wintersportler in gleicher Weise wie für den Kurgast.

25 Seilbahnen und mehr als 200 Skilifts ersparen mühsame Aufstiege und ermöglichen Abfahrten über riesige, besonnte Schneeflächen. Zu den sport-

lichen Vorteilen treten die Bequemlichkeiten der Hotels und Gasthäuser der Kurorte. Gesellschaftliche Veranstaltungen aller Art sorgen für Abwechslung.

69. Die Ruinen von Pompeji

In Rom findet man fast nur die Überreste öffentlicher Bauwerke und diese Denkmäler führen uns nur seine politische Geschichte vor Augen; in Pompeji hingegen zeigt sich uns das Privatleben des Altertums, so wie es war. Der Vulkan, der die Stadt mit Asche bedeckt hat, hat sie gegen die Verheerungen der Zeit geschützt. Nie würden sich der Luft ausgesetzte Gebäude so erhalten haben. Die Malereien, die Bronzegegenstände sind noch in ihrer ursprünglichen Pracht, und alles, was zum häuslichen Gebrauche diente, hat sich erhalten. Die Weinkrüge stehen noch bereit für das Festmahl des folgenden Tages; das zum Backen hergerichtete Mehl ist noch dort vorhanden. Das Skelett einer Frau ist noch mit den Schmuckgegenständen geziert, die sie an dem von dem Vulkan unterbrochenen Festtage trug, und ihre Arme füllen das Armband nicht mehr aus, das dieselben noch umschließt.

Nirgends findet man ein so auffälliges Bild von der jähen Unterbrechung des Lebens. Die Furchen der Räder sind noch deutlich auf dem Straßenpflaster eingedrückt, und die Steine, welche die Brunnen einfassen, tragen noch den Einschnitt der Seile, die diese nach und nach ausgehöhlt haben. An den Wänden einer Wachstube sieht man noch die schlecht geformten Buchstaben und die plump gezeichneten Figuren, welche die Soldaten machten, um sich die Zeit zu vertreiben, während diese Zeit zu ihrem Verderben heranrückte. Pompeji ist fast vollständig erhalten. Die meisten der Häuser sind aus Stücken versteinerter Lava erbaut. Der Anblick der Ruinen dieser einst so großen und blühenden Stadt erfüllt das Herz mit Wehmut.

70. Insel des ewigen Frühlings - Teneriffa

Etwa 350 Kilometer von der Nordwestküste Afrikas entfernt, am Rande des Atlantischen Ozeans, liegen die Kanarischen Inseln. Teneriffa ist mit über 2300 qkm die größte Insel mit einer Bevölkerungszahl von beinahe 500 000 Einwohnern.

Wie die andern Inseln ist auch Teneriffa vulkanischen Ursprungs. Vom 3700 Meter hohen Vulkan Teide fallen nach Süden, Westen und Norden die Berge sanft gegen das Meer zu ab. Nach Osten zieht sich eine Bergkette bis zu den Hochebenen von Los Rodeos und La Laguna hin, welche auf der anderen Seite vom Mercedesberg und den schroffen Höhen des Anaga-Gebirges gesäumt werden; an deren Südseite liegt die Hafenstadt von Santa

Cruz de Tenerife. Die Lage am Golfstrom und die feuchten Passatwinde, welche von Westen kommen, bedingen das einzigartige Klima, das weder Winter noch Sommer kennt, sondern nur einen ewigen Frühling. Endlose Bananenpflanzungen steigen terrassenförmig vom Meere zur Höhe hinauf. Die Südseite ist im allgemeinen trockener, teilweise nur spärlich bewachsen und beinahe steppenhaft. Mit großer Mühe werden die Tomatenkulturen bewässert. Diese Regionen sind weniger besiedelt. So nimmt es nicht wunder, daß sich an der vom Klima besonders begünstigten Nordseite blühende Dörfer und Städte aneinanderreihen. Dort, wo das fruchtbare Orotavatal das Meer erreicht, liegt der schönste Ort auf Teneriffa, Puerto de la Cruz, ein reizendes Städtchen mit einem kleinen Fischerhafen.

(„Der Globetrotter", Nachrichten des Maxburg-Reisebüros, München)

71. Kampf zwischen den nordamerikanischen Kolonien und dem Mutterland

Die englischen Kolonisten hatten in zäher Arbeit Nordamerika urbar gemacht. In blutigen Kämpfen behaupteten sie sich gegen die Indianer, Holländer und Franzosen. Dadurch wuchs ihr Selbstgefühl und es erwachte in ihnen ein trotziger Drang nach Freiheit, auch dem Mutterland gegenüber, das die Interessen der amerikanischen Siedler nicht gebührend berücksichtigte. Eigene Industrie und selbständiger Handel waren untersagt. Man verbot ihnen, Waren selbst herzustellen. Die Kolonien durften ihre Rohprodukte nur nach England liefern und die Artikel der Industrie nur vom Mutterlande beziehen. Dieses Monopolsystem mußte erbittern. Zur Begleichung der großen Geldopfer, die England im Siebenjährigen Krieg gebracht hatte, sollten auch die Kolonien beitragen. Das englische Parlament in London, in dem kein Ansiedler vertreten war, beschloß, Zölle und Steuern aus Amerika nach England abzuführen. Da es hierbei auf heftigen Widerstand stieß, begnügte es sich schließlich mit einem Teezoll. Aber auch diesen empfanden die Amerikaner als Ungerechtigkeit. 1773 erkletterten als Indianer verkleidete Bürger drei englische Schiffe im Hafen von Boston, die Tee einführen wollten, und warfen die Teekisten ins Meer. Dieser „Teesturm" war das Zeichen zur Erhebung der Kolonie gegen das Mutterland.

Es begann nun ein zäher und erbitterter Freiheitskampf. Die Führung hatte der berühmte George Washington, der wegen seines edlen Charakters und persönlichen Mutes von allen Amerikanern hoch geachtet wurde. Von den Europäern begeisterten sich namentlich Franzosen, Spanier und Holländer, die alten Rivalen Englands, für die Freiheit der Amerikaner und fochten zu Tausenden in deren Reihen. Auch Deutsche fehlten nicht. Der preußische Oberst Wilhelm von Steuben war die rechte Hand Washingtons in allen militärischen Fragen. Am 4. Juli 1776 wurde die Unabhängigkeit der englischen Kolonien verkündet. Seit diesem Tage gibt es die Vereinigten Staaten von Nordamerika. Der Krieg nahm seinen Fortgang. Nach vielen vergeblichen Anstrengungen mußte England den Kampf abbrechen. Im Vertrage von Versailles 1783 erkannte es die Unabhängigkeit seiner ehemaligen Kolonien in Nordamerika an. (Nach Georg Waibel, Lehrbuch der Handelsgeschichte, Verlag Oldenbourg)

72. Die Zeit

Was ist unter allen Dingen in der Welt das längste und das kürzeste, das schnellste und das langsamste, das teilbarste und das umfassendste, das am meisten vernachlässigte und das am meisten bedauerte, ohne das nichts geschehen kann, das alles Kleine verschlingt und alles Große belebt? Es ist die Zeit. — Nichts ist länger: denn sie ist das Maß der Ewigkeit; nichts ist kürzer: denn sie ist bei all unseren Plänen unzureichend. Nichts ist langsamer für den Wartenden, nichts vergeht für den Genießenden schneller. Bis ins Unendliche dehnt sie sich im Großen; bis ins Unendliche teilt sie sich im Kleinen. Alle Menschen vernachlässigen sie, und alle beseufzen ihren Verlust. Nichts geschieht ohne sie. Sie gibt der Vergessenheit anheim, was der Nachwelt unwürdig ist, und verleiht dem Großen Unsterblichkeit.

73. Anekdoten

a) Sprachkenntnisse

Der finnische Dirigent Boris Sirpo und seine Frau zogen bald nach ihrer Ankunft in Amerika in ein Haus, in dem es angeblich spukte. Selbstverständlich wurden sie auch gleich in der ersten Nacht von Geistergeräuschen geweckt. Frau Sirpo bat ihren Mann, die Sache zu untersuchen. „Nein, meine Liebe", sagte er, „geh du. Dein Englisch ist besser."

b) Der Mann aus der Provinz

„Ihr Leute aus Missouri seid ja ganz in Ordnung", sagte ein New Yorker einmal zu Mark Twain, „aber in eurer Bildung seid ihr gar zu sehr Provinzler."

„Provinzler?" knurrte Mark Twain. „Im Gegenteil. Niemand in New York weiß irgend etwas über Missouri, aber hier in Missouri weiß jedermann alles über New York."

c) Ein spannendes Buch

Dem jungen Priester unserer Gemeinde, der nach einem besonders anstrengenden Tag mit dem Wagen heimfuhr, fiel plötzlich ein, daß es fast Mitternacht war und er sein Brevier noch nicht gebetet hatte. Er hielt am Straßenrand an, sprang aus dem Wagen und kniete mit dem Gebetbuch in der Hand im Licht der Scheinwerfer auf der Straße nieder.

Ein Lastwagen hielt neben ihm, und der Fahrer rief: „Ist etwas nicht in Ordnung, junger Mann?"

„Alles in Ordnung, danke", antwortete der Priester und las weiter in seinem Brevier.

„Da kann ich nur sagen", erwiderte der Fahrer, „das muß schon ein sehr spannendes Buch sein!"

74. Die Zitrone

Im Altertum hörten die Griechen durch Alexander den Großen und seine Feldzüge von dem das ganze Jahr blühenden Wunderbaum mit den goldenen Früchten im grünen Laub. Sie brachten die Zitrone nach Europa mit. Die ersten römischen Kaiser führten die Kultur dieser Pflanze in Italien ein. Seitdem schätzt man die vitaminreiche Zitrone für die Ernährung, verwendet sie zum Fleckenentfernen, in der Medizin zur Heilung von Wunden sowie in der Kosmetik. Sir Edmund Hillary und der Sherpa Tensing nahmen sie in Pulverform mit, als sie den Mount Everest bezwangen. Die Vereinigten Staaten erzeugen heute mehr als die Hälfte aller Zitronen, die andere Hälfte kommt aus Italien und anderen Mittelmeerländern.

75. Polizei und Gerichte

a) Bäuerin wird in der Stadt um ihr Geld betrogen

Eine 46jährige Bäuerin, die aus ihrem Dorf zum Einkaufen in die Stadt gekommen war, fragte am Bahnhofsplatz eine Frau, wo man am besten Vorhänge bekomme. Die Frau empfahl eine Firma im Stadtzentrum, deren Besitzerin sie persönlich kenne und die ihr einen bedeutenden Rabatt gewähren würde. Sie bot der Bäuerin an, deren schwere Einkaufstasche zu tragen, in der diese ihr Geld verwahrte. Vor einem Haus ersuchte die Frau die Bäuerin, zu warten, weil sie zuerst mit ihrer Bekannten sprechen wolle. Sie verschwand in einem Haus. Als sie nach zwei Stunden noch nicht zurück war, ging die Bäuerin zur Polizei. Es stellte sich heraus, daß sie einer Schwindlerin zum Opfer gefallen war. Die Gaunerin hatte das Haus durch den Hintereingang verlassen.

b) Räuber aus Mangel an Taschengeld

Der 15jährige Ulrich H. borgte von seinem 14jährigen Freund Manfred Z. fünf Mark, um seiner Mutter zu Weihnachten Strümpfe zu kaufen. Am vergangenen Sonntagabend forderte Manfred sein Geld zurück, da er seinerseits seinem Vater zu Neujahr eine Krawatte schenken wollte. Ulrich hatte kein Geld. „Ich wüßte, wie wir Geld bekommen könnten", sagte er und schlug vor, in der Dunkelheit irgendeine Frau zu überfallen und ihr die Handtasche zu rauben. Die beiden schmächtigen Bürschchen gerieten aber ausgerechnet an eine besonders kräftige Frau, die ihre Tasche festhielt und ihnen Ohrfeigen anbot. Daraufhin liefen die zwei davon. Sie wurden wenige Stunden später verhaftet.

76. Verschiedenes

a) Sehr geringe Obsternte

Die Ernte an Pflaumen erreicht in diesem Jahr nur etwa 36 v. H. einer Durchschnittsernte. Auch die Äpfel und Birnen werden nach den Schätzungen von Mitte September nur 31 bis 35 v. H. einer Durchschnittsernte erreichen. Noch ungünstiger sind die Ernteaussichten bei Walnüssen, die nur 15 v. H. einer Durchschnittsernte erwarten lassen.

b) Europas Pferdefleisch-Konsum steigt

Die Europäer essen mehr Pferdefleisch als je zuvor. Nach einem Bericht der Vereinten Nationen stehen die als Feinschmecker bekannten Franzosen an der Spitze der Pferdefleisch-Konsumenten. 1956 wurden in Frankreich 278 000 Pferde zu Suppenfleisch, Wurst oder Braten verarbeitet. In Polen wurden vor dem Kriege jährlich nur etwa 9000 Pferde verzehrt. 1955 waren es 70 800. Auch in dem wohlhabenden Belgien hat der Appetit auf Pferdefleisch zugenommen. Vor dem Kriege wanderten jährlich durchschnittlich 21 100 Pferde auf die Schlachtbank, 1956 insgesamt 59 900. In dem Bericht wird zugleich festgestellt, daß der europäische Pferdebestand im Jahre 1955 um etwa 30 Prozent unter dem Vorkriegsbestand lag.

77. Verschiedenes

a) „Kleine Seehunde" in der Bibel

In New York erschien vor einigen Jahren eine Übersetzung der Bibel in die Eskimosprache. Weil der Wortschatz der Eskimos sehr klein ist, mußte man einige Änderungen vornehmen. So gibt es in der Eskimosprache kein Wort für „Lamm". Die Hirten hüten nun „kleine Seehunde".

b) Onkel Jeremias

„Was im Safe Nr. 12 liegt, zu dem dir, lieber Neffe, der Schlüssel überreicht werden soll, wird dir helfen, ein zufriedenes Leben zu führen." Diesen verheißungsvollen Satz aus dem Testament seines Onkels noch in den Ohren, öffnete der junge Amerikaner Douglas Kaminski aus Lexington das Stahlfach. Um so größer war seine Enttäuschung, als er darin nichts weiter fand als eine Sporthose und ein Paar Turnschuhe. Obenauf lag ein Zettel: „Lauf jeden Tag morgens und abends eine halbe Stunde, dann bleibst du gesund und wirst Erfolg im Leben haben. Auch ich habe es so gehalten.

Onkel Jeremias"

78. Wohin fährt der Deutsche im Urlaub?

Eine wahre Invasion von Deutschen überschreitet jeden Sommer die deutschen Grenzen. Ihr Hauptziel ist Italien, aber auch andere Länder wie Spanien, Griechenland und Jugoslawien, Österreich und die Schweiz sind sehr beliebt.

Trotzdem erfreuen sich auch die deutschen Urlaubsorte an der Nord- und Ostsee und in den Alpen weiterhin großer Beliebtheit. Auch „ruhige Plätze", wie zum Beispiel die Lüneburger Heide, sind sehr gefragt. Urlauber aus den nordischen Staaten und aus Holland, Belgien und Frankreich zeigen ihrerseits steigendes Interesse für Deutschland.

Allgemein zeigt sich nach Ansicht vieler Reisebüros deutlicher als bisher, daß es immer schwieriger wird, die Wünsche der deutschen Urlauber zu befriedigen. Geld spielt dabei keine besondere Rolle. Nach Auskunft der Reisebüros werden zwar meist Hotels und Pensionszimmer verlangt, aber die Wünsche nach kompletten Ferienwohnungen in Südtirol, der Schweiz, in Spanien und an der Adria werden immer lauter. Viel gefragt sind auch Schiffs- und Luftreisen in die Länder des Vorderen Orients, nach Afrika und nach den Mittelmeerinseln. In den letzten Jahren hat sich auch das Zelten immer mehr Freunde gewonnen.

Der Hauptgrund für die Neigung der Deutschen, in südliche Länder zu fahren, scheint der Wunsch nach schönem Wetter zu sein. Wer Skandinavien besucht, wird nicht allzu viel Deutsche dort treffen. Zwar haben die Urlaubsreisen für den Norden zugenommen, jedoch treten sie erheblich hinter denen in Richtung Süden zurück.

Die größten Menschenmassen setzt die Urlaubszeit im Rheinland und Westfalen in Bewegung. Verkehrsfachleute schätzen, daß jedes Jahr rund fünf Millionen Menschen von Rhein und Ruhr in die Ferien fahren.

79. Fremdenverkehrswerbung: Bayern

Bayern kennen heißt Bayern lieben

Suchen Sie ein Reiseziel, das zu allen Jahreszeiten Ihren Erwartungen entspricht? Suchen Sie internationale Gesellschaft, gepflegte Hotels, zuverlässige Verkehrsverhältnisse, sportliche Turniere, landschaftliche Schönheiten in nächster Nähe von Theater und Musik —
dann besuchen Sie Bayern!

Suchen Sie behagliche Erholung, Heilbäder, Sanatorien und Luftkurorte, lieben Sie Wälder, Seen und Gebirge —
dann besuchen Sie Bayern!

Suchen Sie berühmte Sammlungen der Kunst und Wissenschaft, historische Bauwerke, klassische Gemälde, internationale Messen, Festspiele oder vielbesuchte Wallfahrtsorte —
dann besuchen Sie Bayern!

Suchen Sie ein Land der Romantik mit alten Burgen, verträumten Städtchen und prunkvollen Königsschlössern —
dann besuchen Sie Bayern!

Suchen Sie das Land, in dem Lederhose und Maßkrug zu Hause sind, ein Land mit alten Bräuchen, schönen Trachten, Volksmusik und Bauerntheatern —
dann besuchen Sie Bayern!

Oberbayern

Altötting
   Bayerns berühmtester Wallfahrtsort
Bad Aibling
   Kurort (Moorbäder) im Alpenvorland
Bad Reichenhall
   Internationales Heilbad, alpiner Luftkurort in der Nachbarschaft von Salzburg

Bad Tölz
   Bade- und Luftkurort (Jod- und Schwefelquellen) am Alpenrand
Bad Wiessee
   Berühmter Kurort (Jod- und Schwefelquelle) am lieblichen Tegernsee
Bayerische Alpen
   Eines der herrlichsten Bergländer der Erde, mit Wäldern, Seen, Fels-
   und Schneegipfeln bis zu fast 3000 m Höhe und zahlreichen Kurorten,
   Sommerfrischen und zahlreichen Wintersportplätzen — Queralpen-
   straße von Lindau bis Berchtesgaden (Fernomnibusverkehr)
Bayerische Seen
   — jeder von besonderem landschaftlichem Reiz. Die bekanntesten von
   ihnen:
   Im Alpenvorland: Ammersee mit den Rokokokirchen Andechs und
   Diessen und Starnberger See beide vor den Toren Münchens — Chiem-
   see mit Schloß Herrenchiemsee und Fraueninsel
   Am Alpenrand: der inselreiche Staffelsee bei Murnau — Kochelsee —
   Tegernsee mit dem altberühmten Kloster — Schliersee
   Im Hochgebirge: Eibsee bei Garmisch — Walchensee ostwärts von
   Mittenwald — Königssee bei Berchtesgaden
Bayrischzell
   Sommerfrische und Wintersportplatz in den Schlierseer Bergen
Berchtesgaden
   International bekannter Fremdenort und Wintersportplatz am Fuße
   des Watzmann (2700 m) in der Nähe des Königssees — Wertvolle
   Kunstsammlung im alten Schloß
Burghausen
   an der Salzach — Bayerische Herzogsstadt — Größte mittelalterliche
   Burganlage Deutschlands
Freising
   Altbayerische Bischofsstadt — Mittelalterlicher Dom mit prachtvoller
   Rokoko-Ausstattung
Garmisch-Partenkirchen
   Der internationale Kurort und Wintersportplatz am Fuße der Zug-
   spitze — Eisstadion, Olympiaschanze — Bergbahnen (Zugspitze, Kreuz-
   eck und Wank)
Ingolstadt
   Ehemalige Herzogs- und Universitätsstadt — Gotische und Rokoko-
   kirchen

Landsberg

Malerische Stadt am Steilufer des Lechs, einer der Höhepunkte der „romantischen Straße"

Mittenwald

Der weltbekannte Geigenbauerort am Fuß des Karwendelgebirges — Übergang nach Tirol

München

Die deutsche Kunst- und Fremdenverkehrsmetropole — Dom und andere Kirchen, Residenz, Schlösser Nymphenburg und Schleißheim — Bedeutende Gemälde- und Kunstsammlungen — Deutsches Museum für Wissenschaft und Technik — Tierpark Hellabrunn — Ausgangsort für Fahrten ins bayerische Voralpenland und nach Österreich

Murnau

Sommerfrische am Staffelsee, Umsteigstelle nach Oberammergau

Oberammergau

Das weltbekannte Passions- und Holzschnitzerdorf am Wege nach Linderhof, dem Traumschloß im Herzen der Berge, und Kloster Ettal (Rokokokirche) — Sommerfrische und Wintersportplatz

Rosenheim

Der Schlüssel zum Inntal — Nördlich die herrliche Rokokokirche Rott am Inn — im Süden die Berge mit den Luftkurorten und Wintersportplätzen Brannenburg (Wendelsteinbahn), Oberaudorf und Kiefersfelden

Schongau

Malerische Stadt, umgeben von berühmten Kunststätten

Traunstein

Die Salzstadt im Herzen des Chiemgaus, umgeben von zahlreichen Sommerfrischen und Wintersportplätzen wie Marquartstein, Reit im Winkl und Ruhpolding

Wasserburg

Mittelalterliche Salzstadt in romantischer Insellage am Inn

Wessobrunn

Zwischen Ammersee und Schongau — Uraltes Kloster mit berühmten Rokoko-Stukkaturen

Wieskirche

Wallfahrtskirche bei Steingaden, eine Perle des bayerischen Rokokos

(Nach einem Prospekt der Bayerischen Vereinsbank, gekürzt)

80. Anekdoten und Witze

a) Der Rechtsanwalt und sein Hund

Ein Fleischer kam zu einem Rechtsanwalt, der im gleichen Hause wohnte und fragte ihn: „Wenn ein Hund in meinen Laden kommt und Fleisch stiehlt, so muß sein Herr den Schaden wiedergutmachen. Stimmt das?" — „Natürlich", antwortete der Rechtsanwalt. — „Sehr schön, dann geben Sie mir bitte 4 Dollar, denn Ihr Hund hat mir Fleisch und Wurst im Wert von 4 Dollar gestohlen." — „Gut", entgegnete ihm der Anwalt, „da mein Honorar 8 Dollar beträgt, schulden Sie mir noch vier Dollar."

b) Seltene Kunden

Joseph II., Kaiser von Österreich, ging einmal durch Wien spazieren, um das Leben des Volkes zu studieren. Er kam auf den Markt und fragte eine Bäuerin, die Eier verkaufte, wieviel zwei Eier kosteten. — „Zwei Gulden", antwortete die Bäuerin. — „Das ist sehr teuer", meinte der Kaiser, „sind denn Eier in diesem Land so selten?" — „Eier nicht", entgegnete ihm die Landfrau, „aber Kaiser". —

81. Das wahre Gesicht des Cowboys

Der wirkliche Cowboy des alten Wilden Westens war ein tüchtiger gelernter Arbeiter, der Jahre brauchte, bis er sich seinen Beruf voll angeeignet hatte, und deshalb stolz darauf war, ihn auszuüben. Heute wird er nur noch schattenhaft hinter der Phantasiegestalt des Cowboys sichtbar, wie wir ihn kennen.

Auf dem Höhepunkt der eigentlichen Cowboy-Zeit gab es vermutlich nicht mehr als 40 000 Menschen, die sich mit dem Beruf eines Viehhirten den Lebensunterhalt verdienten. Die einen waren wandernde Viehtreiber, die anderen blieben an einem Platz und verrichteten Jahr für Jahr die gleiche Arbeit. Die breitrandigen Hüte und bunten Tücher, die sie trugen, erwiesen sich als außerordentlich praktisch in einem Lande, das von einer unbarmherzig heißen Sonne durchglüht und von heftigen Sandstürmen heimgesucht wurde. Gewöhnlich trugen die Cowboys auch schwere Pistolen, in der Hauptsache aber, um sich gegen wilde Tiere und Giftschlangen zu schützen, bzw. um krankem oder verkrüppeltem Vieh den Gnadenschuß zu geben. Die meisten schossen in ihrem ganzen Leben auf keinen Menschen!

Von den zahlreichen berüchtigten Bösewichtern des ehemaligen Wilden Westens waren nur wenige wirkliche Cowboys. Sie lebten zwar zur Zeit der

Cowboys, doch betätigte sich keiner von ihnen als Viehhirte oder war Cowboy, bevor er Verbrecher wurde. Es ist überraschend, wie kurz die eigentliche Blüte der Cowboys war. Der Cowboy war das Kind einer Zeit, in der die Weidestrecken noch nicht eingezäunt, sondern offen waren und man viele Herden darauf weidete. Um die Jahrhundertwende aber begann man, das Weideland einzuzäunen. So kam es, daß der legendäre Cowboy, der sogenannte „amerikanische Kavalier", nur etwa drei Jahrzehnte (1870 bis 1900) auf der Bühne der Geschichte des Westens auftrat.

Natürlich findet man heute im Westen Amerikas noch immer Cowboys, deren Tagesarbeit der ihrer früheren Berufsgenossen etwa gleicht. Doch der Mann, der sich mit schußbereiter Waffe und auf der Hut vor Sioux und Comanchen zu Pferde im Staube Tausender von Langhörnern über die unberührte Prärie bewegte, existiert nicht mehr.

(Aus „Katholischer Digest", Nr. 12/1960)

82. Sätze zum Nachdenken

Eine Ehefrau, die mit ihrem Manne zufrieden ist und ihren Mann glücklich macht, tut mehr für ihre Kinder, als wenn sie hundert Bücher über das Wohl des Kindes läse. —

Die Bescheidenheit ist wie die Unterwäsche, sie ist unentbehrlich, aber sie wird unerwünscht, wenn man sie zu sehr bemerkt. —

Sage mir, mit wem du gehst, und ich sage dir, wer du bist. —

Wenn die Politik in den Gerichtssaal einzieht, muß die Gerechtigkeit ausziehen. —

Das Unglück macht den Starken stärker, den Schwachen schwächer. —

83. Frostschäden in Spanien

Die ungewöhnliche Kälte der letzten Wochen, die zum erstenmal seit 1884 in Malaga und anderen Städten des spanischen Südens Schneefälle brachte, hat der Orangenernte ernste Schäden zugefügt. In den Kreisen der Plantagenbesitzer und der Exporteure herrscht Panikstimmung. Nach Schätzungen der Experten rechnet man in Valencia und Murcia mit einem Ausfall von annähernd 50 Prozent der Ernte, die sich noch auf den Bäumen befindet.

Naturgemäß haben die großen Ausfälle automatisch zu einem kräftigen Anziehen der Preise geführt. Die Früchte, die vom Exporteur am Baum gekauft werden, pflegt man hier noch immer nach der altspanischen Gewichtseinheit der „Arroba", zu handeln, die 11,5 Kilogramm entspricht. Innerhalb einer Woche stieg für einzelne Sorten der Preis um 10 bis 20 Prozent.

84. Weltmarkt des Buchhandels in Frankfurt

Eine Woche im Herbst findet jedes Jahr die Frankfurter Buchmesse statt. Dieser Weltmarkt des Buches wurde von Jahr zu Jahr größer. Aus allen Kontinenten kommen Verleger zur Frankfurter Buchmesse, um auf diesem größten Büchermarkt der Welt ihre Neuerscheinungen anzubieten.

Wer in einem bestimmten Jahr annahm, daß eine höchste Grenze erreicht sei, der wird im folgenden Jahr feststellen müssen, daß die internationale Buchmesse im Zeichen einer weiteren Ausdehnung steht. Die Anzahl der Verlage, die ausstellen, und die Zahl der Bücher und Neuerscheinungen sind stetig gestiegen, so daß die Buchmesse neue Hallen belegen mußte. Auch ist die Buchmesse noch internationaler geworden. Der größere Teil der Verlage kommt aus dem Ausland, aber auch die Zahl der deutschen Verleger ist gestiegen. Von den ausgestellten Büchern sind meist ein Viertel Neuerscheinungen.

Die Frankfurter Buchmesse ist auch ein wichtiger Markt für Buchübersetzungen. Hier verhandeln Verleger miteinander über die Vergabe von Lizenzen, um ein erfolgreiches Buch in anderen Ländern in anderen Sprachen erscheinen zu lassen.

Da die meisten Neuerscheinungen in Frankfurt zum erstenmal gezeigt werden, ja hier überhaupt erst das Licht der Welt erblicken, ist die Buchmesse zugleich auch eine literarische Geburtsstunde.

85. Die Freizeit des englischen Arbeiters

Der englische Arbeiter ist gutbezahlt. Er führt das Leben des kleinen Mittelstands, er wohnt in einem kleinen Haus mit einem kleinen Garten. Auf dem Dach steht die Fernsehantenne — so gut wie jeder hat sie. Er stöhnt, daß er nicht genug Zeit für den „Garten" hat, oder um das zerbrochene Treppengeländer zu reparieren oder um nachzusehen, warum die elektrische Waschmaschine der Frau nicht funktioniert.

Über das Arbeiterleben nach Feierabend gab es einmal einen englischen Film. Er zeigt erst den Fußballplatz, dann ein Cricketfeld und einen Rennplatz und schließlich das „Pub" — die Kneipe, die in England den Klub des kleinen Mannes darstellt. An der Theke tritt unbefangenes freundschaftliches Gespräch selbst zwischen Unbekannten an der Stelle der schweigsamen

Reserve und beim Bier wird eifrig politisiert — oder über die Chancen von Rennpferden gestritten. Die Frauen sind dabei.

Und die Kultur? In keinem Land gibt es so viele öffentliche Bibliotheken und so viele Leser — und was sie alles lesen! Dann gibt es Abendkurse in allen englischen Städten, mit einer Themenauswahl, so reich wie das Vorlesungsverzeichnis einer amerikanischen Hochschule.

Ein normaler Mensch in England hat im übrigen *hobbies* — Steckenpferde, Liebhabereien. Manche Arbeiter in Kellerwohnungen spielen auf dem Harmonium Händel. In Wales sitzen sie zusammen und singen Hymnen. Manche sitzen nach Feierabend still am Rande eines Industriekanals, angeln nach den Fischen, die natürlich nicht drin sind, rauchen die Pfeife und schweigen gemeinsam mit ihren gleichgesinnten Nachbarn. Wieder andere bauen abends Schiffchen und lassen sie am Sonntag auf den Teichen in den Parks schwimmen. Hundezucht und Kanarienzucht sind außerordentlich beliebt. Wieder andere — Erwachsene — lassen Drachen steigen; es gibt sogar eigene Klubs dafür.

Wahrscheinlich ist, alles in allem, der englische Durchschnittsarbeiter in seiner Freizeit viel zu beschäftigt. Es sollte einmal einer eine Lobpreisung des einfachen Nichtstuns schreiben.

(Nach einem Artikel von Curt Geyer in der „Süddeutschen Zeitung" vom 24. 12. 57, dort unter dem Titel „Herrenreiter auf dem Steckenpferde" veröffentlicht.)

86. Metalle

Silber

Silber hat von jeher als Münzmetall und für Schmuckzwecke ähnliche Bedeutung gehabt wie Gold. Der Silberhandel belebte seit den Zeiten der Phönizier den Handelsverkehr im Mittelmeer, besonders von Spanien aus; der Silberbergbau erschloß im Mittelalter die Wälder der mitteldeutschen Gebirge.

Quecksilber

Die Quecksilberförderung war früher fast ausschließlich auf die schon im Altertum bekannten spanischen Gruben von Almadén in der Sierra Morena beschränkt, die auch längere Zeit von den Fuggern ausgebeutet wurden. Erst neuerdings ist Italien mit Spanien in Wettbewerb getreten. Neben diesen beiden Ländern spielen nur noch die Vereinigten Staaten in der Quecksilbergewinnung eine Rolle.

Zinn,

das im Altertum für die Herstellung von Bronze unentbehrlich war, wurde schon seit der Zeit, in der die Phönizier Handel trieben, von Britannien geliefert. Mit geringen Mengen traten im Mittelalter Sachsen und Böhmen hinzu, deren Geschichte wie mit dem Silberbergbau auch mit dem Zinnbergbau eng verknüpft ist. Die Erzeugung der europäischen Länder spielt jedoch für den Welthandel mit Zinn keine Rolle. Größere Erzeuger sind noch Bolivien, Thailand, der Kongo und Nigeria. Auch das Zinn der Gebiete, die nicht zum Britischen Commonwealth gehören, wird zum größten Teil in England verarbeitet.

Zink

Wichtige Zinklager haben Australien, Polen, die USA, Deutschland und Belgien.

Blei

wird zum großen Teil am Orte der Förderung verarbeitet, und die führenden europäischen Industrieländern sowie Japan müssen es vom Weltmarkt beziehen. Neben den Bleilagern Amerikas und Australiens gibt es Blei in Europa, in der Sierra Morena und auch in Deutschland.

Bauxit,

aus dem das Aluminium hergestellt wird, findet sich vor allem in Frankreich, Guayana, Ungarn, USA, Italien und Jugoslawien. Da Deutschland nur wenig Bauxit besitzt, wird hier auch Kaolin als Rohstoff benutzt.

Aluminium erzeugen hauptsächlich Deutschland, die USA, Kanada, Frankreich und Norwegen. Da die Herstellung im allgemeinen auf elektrolytischem Wege erfolgt, so treten im Welthandel besonders die mit Wasserkräften reich gesegneten Staaten, wie Norwegen, die Schweiz und Kanada, als Ausfuhrländer in Erscheinung.

(Nach Fischer-Geistbeck, Die staatliche und wirtschaftliche Gestaltung der Erde, 1942.)

87. Neuseeland

Drei Dinge sind es vor allem, die jeder heranwachsende Neuseeländer in seinen Jugendjahren gern haben möchte: er bemüht sich, ein guter Rugbyspieler zu werden, er hofft, ein Sparkonto zu besitzen, und er hat den dringenden Wunsch, irgendwann, bevor ihn die Berufspflichten an die heimische Scholle binden, England zu sehen. Ein Gefühl der Zugehörigkeit zu seinem Team, Selbständigkeit, angeborene Sparsamkeit und ein tiefverwurzeltes Heimatempfinden — all diese Eigenschaften sind klar erkennbare Wesenszüge des Neuseeländers.

Im Gegensatz zu den Kanadiern sind die Neuseeländer eine nahezu völlig einheitliche Bevölkerung. Sie haben nicht wie Südafrika schwierige Probleme mit den Eingeborenen, und von den ihnen benachbarten Australiern unterscheiden sie sich dadurch, daß ihr Regierungsapparat etwas Einheitliches ist und daß ihre Wirtschaft weniger unter Kinderkrankheiten zu leiden hat.

Sie haben ihr schönes, fruchtbares und mit einem gemäßigten Klima gesegnetes Land zum gesündesten in der ganzen Welt gemacht, ihre Produktion und ihr Handel sind, auf den Kopf der Bevölkerung gerechnet, größer als die jedes anderen Landes, sie haben einen Lebensstandard wie kein anderes Volk, zumindest, was die materielle Seite angeht, und sie haben sogar einem Wissenschaftler wie Rutherford seine Ausbildung gegeben und eine Schriftstellerin wie Catherine Mansfield hervorgebracht.

B. Literarische, historische und ähnliche Texte

88. Rotkäppchen

Es war einmal ein kleines Mädchen, das hatte jedermann lieb, der es nur ansah, am allerliebsten aber seine Großmutter, die wußte gar nicht, was sie alles dem Kinde geben sollte. Einmal schenkte sie ihm ein Käppchen von rotem Samt, und weil ihm das so wohl stand und es nichts anderes mehr tragen wollte, hieß es nur das Rotkäppchen. Eines Tages sprach seine Mutter zu ihm: „Komm, Rotkäppchen, da hast du ein Stück Kuchen und eine Flasche Wein, bring es der Großmutter hinaus; sie ist krank und schwach und wird sich daran laben. Geh fort, bevor es heiß wird, und wenn du hinauskommst, sei brav und lauf nicht vom Weg ab, sonst fällst du und zerbrichst das Glas, und die Großmutter hat nichts. Und wenn du ihre Stube betrittst, so vergiß nicht, guten Morgen zu sagen, und guck nicht erst in allen Ecken herum.“

„Ich will schon alles gut machen", sagte Rotkäppchen zur Mutter und gab ihr die Hand darauf. Die Großmutter aber wohnte draußen im Wald, eine halbe Stunde vom Dorf. Wie nun Rotkäppchen in den Wald kam, begegnete ihm der Wolf. Rotkäppchen aber wußte nicht, was das für ein böses Tier war, und fürchtete sich nicht vor ihm. „Guten Tag, Rotkäppchen", sprach er. „Schönen Dank, Wolf." „Wo hinaus so früh, Rotkäppchen?" „Zur Großmutter." „Was trägst du unter der Schürze?" „Kuchen und Wein, gestern haben wir gebacken, da soll sich die kranke und schwache Großmutter damit stärken." „Rotkäppchen, wo wohnt deine Großmutter?" „Noch eine gute Viertelstunde weiter im Wald, unter den drei großen Eichen, da steht ihr Haus, unten sind die Haselnußhecken, das wirst du ja wissen", sagte Rotkäppchen. Der Wolf dachte bei sich: „Das zarte junge Ding, das ist ein fetter Bissen, der wird noch besser schmecken als die Alte; du mußt es listig anfangen, damit du beide erschnappst." Da ging er ein Weilchen neben Rotkäppchen her, dann sprach er: „Rotkäppchen, sieh einmal die schönen Blumen, die ringsumher stehen, warum guckst du dich nicht um? Ich glaube, du hörst gar nicht, wie die Vöglein so lieblich singen? Du gehst ja für dich hin, als wenn du zur Schule gingst, und es ist so lustig draußen im Wald."

Rotkäppchen schlug die Augen auf, und als es sah, wie die Sonnenstrahlen durch die Bäume hin und her tanzten und alles voll schöner Blumen stand, dachte es: „Wenn ich der Großmutter einen frischen Strauß mitbringe, der wird ihr auch Freude machen; es ist so früh am Tag, daß ich doch zur rechten Zeit ankomme", lief vom Wege ab in den Wald hinein und suchte Blumen. Und wenn es eine gebrochen hatte, meinte es, weiter hinaus stände eine schönere und lief darnach, und geriet immer tiefer in den Wald hinein. Der Wolf aber ging geradeswegs nach dem Haus der Großmutter, und klopfte an die Türe. „Wer ist draußen?" „Rotkäppchen, das bringt Kuchen und Wein, mach auf." „Drück nur auf die Klinke", rief die Großmutter, „ich bin zu schwach und kann nicht aufstehen." Der Wolf drückte auf die Klinke, die Türe sprang auf und er ging, ohne ein Wort zu sprechen, gerade zum Bett der Großmutter und verschluckte sie. Dann tat er ihre Kleider an, setzte ihre Haube auf, legte sich in ihr Bett und zog die Vorhänge vor.

Rotkäppchen aber war nach den Blumen herumgelaufen, und als es so viel zusammen hatte, daß es keine mehr tragen konnte, fiel ihm die Großmutter wieder ein, und es machte sich auf den Weg zu ihr. Es wunderte sich, daß die Tür aufstand, und wie es in die Stube trat, so kam es ihm so seltsam darin vor, daß es dachte: „Ei, du mein Gott, wie ängstlich wird mir's heute zumut, und ich bin sonst so gerne bei der Großmutter!" Es rief: „Guten Morgen", bekam aber keine Antwort. Darauf ging es zum Bett und zog die

Vorhänge zurück; da lag die Großmutter und hatte die Haube tief ins Gesicht gesetzt und sah so wunderlich aus. „Ei, Großmutter, was hast du für große Ohren!" — „Daß ich dich besser hören kann." — „Ei, Großmutter, was hast du für große Augen!" — „Daß ich dich besser sehen kann." — „Ei, Großmutter, was hast du für große Hände!" — „Daß ich dich besser packen kann." — „Aber, Großmutter, was hast du für ein entsetzlich großes Maul!" — „Daß ich dich besser fressen kann." Kaum hatte der Wolf das gesagt, so tat er einen Satz aus dem Bette und verschlang das arme Rotkäppchen.

Wie der Wolf seine Gelüste gestillt hatte, legte er sich wieder ins Bett, schlief ein und fing an, überlaut zu schnarchen. Der Jäger ging eben an dem Haus vorbei und dachte: „Wie die alte Frau schnarcht, du mußt doch sehen, ob ihr etwas fehlt." Da trat er in die Stube, und wie er vor das Bett kam, so sah er, daß der Wolf darin lag. „Finde ich dich hier, du alter Sünder", sagte er, „ich habe dich lange gesucht."

Nun wollte er seine Büchse anlegen, da fiel ihm ein, der Wolf könnte die Großmutter gefressen haben und sie wäre noch zu retten, schoß nicht, sondern nahm eine Schere und fing an, dem schlafenden Wolf den Bauch aufzuschneiden. Wie er ein paar Schnitte getan hatte, da sah er das rote Käppchen leuchten, und noch ein paar Schnitte, da sprang das Mädchen heraus und rief: „Ach, wie war ich erschrocken, wie war's so dunkel in des Wolfes Leib!" Und dann kam die alte Großmutter auch noch lebendig heraus und konnte kaum atmen. Rotkäppchen aber holte geschwind große Steine, damit füllten sie dem Wolf den Leib, und wie er aufwachte, wollte er fortspringen, aber die Steine waren so schwer, daß er gleich niedersank und starb.

Da waren alle drei vergnügt; der Jäger zog dem Wolf den Pelz ab und ging damit heim, die Großmutter aß den Kuchen und trank den Wein, den Rotkäppchen gebracht hatte, und erholte sich wieder. Rotkäppchen aber dachte: „Du willst dein Lebtag nicht wieder allein vom Wege ab in den Wald laufen, wenn dir's die Mutter verboten hat."

89. Wilhelm von Humboldt und Schiller

Vor 140 Jahren, am 22. Juni, wurde Wilhelm von Humboldt in Potsdam geboren. Es wird heutzutage kaum einen gebildeten Deutschen geben, dem der Name dieses Gelehrten unbekannt wäre; er ist nicht nur durch die Gründung der Universität Berlin, die großenteils sein Werk ist, sondern auch durch zahlreiche wissenschaftliche und poetische Schriften für immer berühmt geworden. Was aber meist zu wenig beachtet wird, das ist der Einfluß, den

Humboldt auf den um fast 8 Jahre älteren Friedrich Schiller ausgeübt hat. Bekanntlich hat sich dieser, so groß auch in seiner Jugend seine Bewunderung für Shakespeare gewesen war, je älter er wurde, immer mehr für die Griechen interessiert, aus deren Werken sein Genius wie aus einem unerschöpflichen Quell stets neue Nahrung bekam. Auf diesem Wege war ihm Humboldt, dessen genaue Kenntnis des Griechischen seine ausgezeichnete Übersetzung des Agamemnon beweist, ein trefflicher Führer. Wie groß sein Einfluß auf den Dichter gewesen ist, läßt sich zum Teil aus dem im Jahre 1830 veröffentlichten Briefwechsel der beiden großen Männer ersehen.
(Bayerische Reifeprüfung 1907)

90. Die Entstehung der südamerikanischen Republiken

Um 1820 trennten sich die spanischen Kolonien in Südamerika vom Mutterland. Sie erlangten ihre Selbständigkeit und bildeten Republiken nach dem Vorbild der französischen Verfassung oder der der Vereinigten Staaten von Amerika. Den Anlaß zur Loslösung gab das Verhalten der spanischen Kolonialverwaltung, die alle wichtigen Posten mit Spaniern besetzte, während die im Kolonialland geborenen Spanier geringere Rechte besaßen. Jeder Verkehr und Handel mußte sich außerdem auf spanischen Schiffen und nach Spanien abspielen. Die Loslösung der Kolonien wurde durch die Leitsätze der Französischen Revolution und durch das Beispiel der Vereinigten Staaten geistig vorbereitet. Als Spanien durch Napoleon I. bezwungen war, begann die Emanzipation Südamerikas. Das portugiesische Brasilien trennte sich etwa zur gleichen Zeit vom Mutterland; es blieb bis 1888 ein selbständiges Kaiserreich, dann wurde es Republik. Eine geistige Bindung an die Völker der iberischen Halbinsel blieb aber bis in die Gegenwart bestehen.
Die Selbständigkeit der neuen Staaten wurde von England anerkannt, nachdem es vergeblich versucht hatte, sich der Stadt Buenos Aires zu bemächtigen. Um England und anderen Mächten Neuerwerbungen von Gebieten in Amerika unmöglich zu machen, verkündete 1823 der Präsident der Vereinigten Staaten, Monroe, die später nach ihm benannte „Doktrin": Amerika den Amerikanern!
Die jungen Staaten mußten sich plötzlich ganz neuen Verhältnissen anpassen, als sie so aus völliger Abhängigkeit zur uneingeschränkten Freiheit gelangten. Innere Unruhen waren an der Tagesordnung, auch Kriege blieben nicht aus. Bis in die jüngste Zeit hinein befinden sich die Länder Südamerikas in steter Unruhe.

91. Verona

Verona ist eine der ältesten italienischen Städte; ihre eigentliche Gründung ist unbekannt. Veroneser Bürger nahmen als Miliztruppen an der Schlacht von Cannae (216 v. Chr.) gegen Hannibal teil. 89 v. Chr. erhielt Verona das römische Stadtrecht. Bauten wie die Arena, das römische Theater, die Prunktore und Basiliken gaben Verona das Gepräge der Kaiserzeit, und seine ursprünglichen Stadtmauern wurden unter Kaiser Galienus im Jahre 265 n. Chr. ausgebaut und befestigt, um dem Ansturm von Norden trotzen zu können.

Unter Veronas Mauern besiegte Stilicho 403 den Westgotenkönig Alarich und wurde 489 Odoaker von Theoderich, dem König der Ostgoten, vernichtend geschlagen. Von ihrer Burg beherrschte Theoderich die Stadt und ihre beiden Übergänge über die Etsch. Auch der Lombardenkönig Alboin wählte diese Burg als Eckpfeiler seiner Herrschaft. An der Gründung des lombardischen Städtebundes (Lega Lombarda) maßgebend beteiligt, versuchte Verona 1155, Kaiser Friedrich I. bei seiner Rückkehr aus Rom in der sogenannten Veroneser Klause (Chiusa Veronese) den Weg zu versperren. Von 1227 — 59 stand Verona unter der grausamen Herrschaft des Ezzelino da Romano, des staufischen Parteigängers, bis nach dessen Tode die Macht an die Arti überging.

Die im Jahre 1262 erfolgte Wahl des Mastino della Scala zum Hauptmann des Volkes und Führer der Mercanti leitete eine neue Ära ein, und die Geschichte Veronas ist so eng mit der Herrschaft dieses tatkräftigen Geschlechtes (1260 — 1387) verknüpft, daß es das Wappen dieser Ritter, die fünfsprossige Leiter (ital. Scala), in sein Stadtwappen aufnahm. Cangrande aus dem Hause Scala, dessen Reiterstandbild im Innenhof des Scaligerschlosses steht, erweiterte den Machtbereich Veronas durch die Unterwerfung von Vicenza, Padua und Treviso. Cangrande, Vorläufer der Renaissance, war Freund, Gönner und Beschützer Dantes, der ihm seinerseits den dritten Gesang der Göttlichen Komödie widmete.

Im Jahre 1387 geriet Verona unter das Regime der Mailänder Visconti. Nach dessen Zusammenbruch und einem letzten Versuch, die Herrschaft der Scaliger wiederherzustellen, wurde Verona 1404 der Republik Venedig einverleibt, mit der es 1797 das Schicksal teilte, ein Teil des österreichischen Staates zu werden. Ein Jahr zuvor erlebte Verona den Siegeszug der Napoleonischen Armeen auf den Schlachtfeldern von Arcole und Rivoli, versuchte eine von den Franzosen blutig niedergeschlagene Erhebung, die als „Pasque Veronesi" in die Geschichte einging, gehörte von 1805 bis 1814 zum Königreich Italien, um dann 52 Jahre unter österreichischer Herrschaft ge-

meinsam mit Mantua, Peschiera und Villafranca das berühmte Festungs-
viereck und die Stütze österreichischer Machtpolitik in Italien zu bilden.

Drei Feldzüge des sogenannten „Risorgimento", des Kampfes für die
Freiheit und Einigung Italiens, hatten ihre entscheidenden Schlachten bei
Verona (Custoza, Valeggio, Goito, S. Martino, Solferino, S. Lucia, Peschiera,
Monzambano und Villafranca). Im Jahre 1866 zogen die siegreichen
Truppen des Königreichs Italien in das jubelnde, befreite Verona ein.
(Nach einem Fremdenverkehrsprospekt)

92. Ludwigs XIV. Minister und Generäle

Als Kardinal Mazarin gestorben war, übernahm Ludwig XIV. selbst die
Regierung. Ein wahres Verdienst dieses Königs war sein Talent, mit seltenem
Glück die Männer, denen er sein Vertrauen schenken konnte, auszuwählen.

Der Staatsmann, der am meisten zum Wohlstande Frankreichs beitrug, war
Colbert. Er senkte die Steuern, die das Volk bedrückten, förderte Landwirt-
schaft, Handel und Industrie. Während Colbert im Rate des Königs der
Mann des Friedens war, war Louvois der Mann des Krieges. Als Kriegs-
minister schuf er eine unvergleichliche Armee und bereitete so die großen
Erfolge der Heere Ludwigs XIV. auf den Schlachtfeldern vor, wo sich
Männer wie Condé, Turenne, Luxembourg, Catinat, Villars und Vendôme
auszeichnen sollten. Vauban, ein großer Ingenieur, leistete Frankreich große
Dienste bei der Eroberung und Verteidigung der Städte. Die Plätze, die er
befestigt hatte, galten für nahezu uneinnehmbar. Lionne endlich leitete die
diplomatischen Angelegenheiten und unterstützte durch kluge Verhand-
lungen und Bündnisse die Außenpolitik seines Herrn.

93. Goethes Tod

In den rauhen Tagen der Mitte des Märzes 1832 erkältete sich der Greis
und zog sich ein heftiges Fieber zu. Es fröstelte ihn, Brustschmerzen und
Beklemmungen quälten ihn. Bewußtsein und Sprache verflüchtigten sich
immer mehr. Zuletzt sprach er noch mit seiner Schwiegertochter Ottilie, und
zum Diener Friedrich sagte er: Macht doch den zweiten Fensterladen in der
Stube auch auf, damit mehr Licht hereinkomme, woher das vielzitierte Wort
„Mehr Licht" als Goethes letzter Ausspruch stammt. Am 22. März 1832 um
halb zwölf Uhr mittags „drückte sich der Sterbende bequem in die linke
Ecke des Lehnstuhls, und es währte lange, ehe den Umstehenden einleuchten
wollte, daß Goethe ihnen entrissen sei". Am 23. März nimmt Eckermann von
dem geliebten Toten in ergreifenden Worten Abschied: „Am anderen Morgen

nach Goethes Tode ergriff mich eine tiefe Sehnsucht, seine irdische Hülle noch einmal zu sehen ... Ein vollkommener Mensch lag in großer Schönheit vor mir, und das Entzücken, das ich darüber empfand, ließ mich auf Augenblicke vergessen, daß der unsterbliche Geist eine solche Hülle verlassen. Ich legte meine Hand auf sein Herz — es war überall eine tiefe Stille — und ich wendete mich abwärts, um meinen verhaltenen Tränen freien Lauf zu lassen."
(Aus Ernst Reisinger, Goethe, Leben und Werk, Max Hueber Verlag)

94. Die Zigeuner

Die Zigeuner waren ein Rätsel, als sie vor mehr als 500 Jahren nach Europa kamen, und ein Rätsel sind sie bis heute geblieben.

Schon von Kind auf habe ich mich brennend interessiert für dieses seltsame Völkchen, das seit Jahrhunderten durch die Welt wandert, eine Menschenklasse für sich, das romantische Sinnbild von Freiheit und Wildwüchsigkeit und Leidenschaft, mit Liedern und Tänzen, die einige unserer großen Komponisten zu manchen ihrer Werke angeregt haben. Als sie zuerst im Abendland auftauchten, nannte man sie Ägypter (daher noch heute englisch gypsies), aber Ähnlichkeiten in Sprache und Tänzen deuten darauf hin, daß sie in Wahrheit aus Indien stammen. Infolge ihres Wanderlebens kann niemand sagen, wieviele sie sind. In Nord- und Mitteleuropa verdienen sie sich ihren Lebensunterhalt noch immer als umherziehende Kesselflicker und Korbflechter, Pferdehändler, Altwarenhändler, Wahrsager, Musikanten und Tänzer.

In Spanien haben viele Zigeuner das Nomadenleben aufgegeben und sich in den Städten seßhaft gemacht. Aber auch sie leiden im Herzen am Heimweh nach der Landstraße.

95. Wunderbare Rettung

An einem heißen Augusttage waren Vater und Sohn auf einem Acker und pflügten ihn um. Es stiegen schwarzgraue Wolken auf, und von ferne hörte man schon donnern. Der Bauer achtete nicht darauf; er zog mit dem Pfluge Furche um Furche und wollte bis zum Abend fertig werden. Doch immer schneller folgten die Blitze einander, und der Donner wurde lauter. Es fielen große Tropfen, und plötzlich prasselte ein heftiger Regen hernieder. Der Vater rief: „Michel, stell dich unter die Eiche dort, bis der Regen aufhört!" Der Michel lief geschwind zur Eiche, der Bauer arbeitete weiter und schimpfte; dann mußte auch er die Pferde allein lassen und unter die Eiche flüchten. Auf einmal wurden die Pferde scheu und rannten davon. Der Bauer lief mit Michel hinterdrein. Kaum hatten sie die Eiche verlassen, da krachte es entsetzlich, und beide fielen zu Boden. Erst nach einiger Zeit hatten sie sich wieder erholt und schauten nach, was denn geschehen sei. Da lag die Eiche vollständig zerschmettert auf dem Boden. Bald holten sie die Pferde ein und fuhren nach Hause. Dann dankten Vater und Sohn Gott für die wunderbare Rettung. Der Bauer ließ an der Stelle ein Kreuz errichten.

96. Cervantes

Am 23. April 1616 starb in Madrid Miguel de Cervantes Saavedra, Verfasser des Don Quijote, des schönsten Buches, das je in spanischer Sprache erschienen ist. Nach seinem Tode, wie nach dem Homers, haben sieben Städte für seine Geburtsstadt gelten wollen. Heute besteht kein Zweifel mehr darüber, daß diese Ehre Alcalá de Henares gebührt, einem Städtchen bei Madrid. Nach Beendigung seiner Studien in Madrid und Salamanca hatte sich der junge Cervantes einige Zeit in Italien aufgehalten, wo er bald, vom Verlangen getrieben, sich Ruhm zu erwerben, als Soldat auf einem Schiff Dienst nahm, das unter dem Befehl des Don Juan gegen die türkische Flotte abfahren sollte. Auf diese Weise nahm er an der denkwürdigen Schlacht bei Lepanto teil, wo er schwer verwundet wurde; eine Kugel zerschmetterte ihm die linke Hand. Auf der Heimfahrt wurde sein Schiff von Seeräubern gekapert und mit seiner ganzen Besatzung nach Algier gebracht. Erst nach sechs Jahren unerhörter Leiden konnte Cervantes nach Spanien zurückkehren. Wenn auch Cervantes schon seit seiner frühesten Jugend Vergnügen an der Dichtkunst gefunden hatte, wäre es ihm vielleicht nie eingefallen, ein Buch zu schreiben, wenn die Not ihn nicht gezwungen hätte, mit der Feder sein Brot zu verdienen. Als Verfasser von etwa zwanzig Theaterstücken genoß er lange die Gunst der Allgemeinheit. Sein Hauptwerk aber, dem er seine Unsterblichkeit verdankt, ist sein Don Quijote de la Mancha, von dem ein Landsmann von ihm gesagt hat, er sei das treueste Abbild des Geistes des spanischen Volkes mit allen seinen guten und schlechten Eigenschaften.

97. Griechische und römische Kunst

Von der frühen griechischen Kunst kennen wir nur wenig, nämlich jene Denkmäler, die durch Ausgrabungen freigelegt wurden. Schliemann entdeckte das alte Troja. Auch andere Funde brachten uns die engeren Kontakte mit der Kunst der Frühzeit. Die berühmtesten dieser Bauwerke sind der Palast des Königs Minos auf Kreta mit dem berühmten Labyrinth, die sog. Zyklopenmauern und das Löwentor in Mykenä. Im klassischen Zeitalter spielte vor allem die Architektur eine große Rolle, und hier ist es wiederum der Tempel, der die erste Stelle einnimmt. Die berühmtesten Tempel, die heute noch gut erhalten sind, befinden sich auf der Akropolis von Athen und in Paestum südlich von Neapel. Wir dürfen nicht vergessen, daß Süditalien, dem früheren Großgriechenland, in der Geschichte der Griechen und nicht zuletzt auch in der Kunstgeschichte große Bedeutung zukam. Die drei wichtigsten Stile dieser klassischen Periode sind der dorische, der ionische und der korinthische. Im griechischen Tempel spielte vor allem die Säule eine große Rolle. Ihre wichtigsten Teile sind der Schaft, der Säulenstuhl und das Kapitell. Über den Säulen liegt das Giebelfeld. Auch die Bildhauerei spielte in der klassischen Zeit eine große Rolle. Die berühmtesten Werke der griechischen Skulptur sind der Diskuswerfer von Myron, der Speerträger von Polyklet, die Venus von Milo und der sterbende Gallier.

Die etruskische Kunst, von der wir nur sehr wenig wissen, hat viel Originalität. Die Etrusker haben in der Architektur Europas ein Element eingeführt, das später eine große Rolle spielen sollte: das Gewölbe. Die Römer haben das Gewölbe übernommen.

Rom hatte gewaltige Bauwerke, in der römischen Kunst aber finden wir wenig Ursprünglichkeit. Das meiste wurde von den Griechen oder Etruskern übernommen. In Italien, Spanien, Südfrankreich, Nordafrika, ja sogar in Deutschland, z. B. in Trier, finden wir römische Bauwerke, wie Thermen, Amphitheater, Aquädukte, Triumphbögen und Säulen.

Mit der großen Völkerwanderung begann eine neue Zeit. Das römische Reich brach zusammen. Aus Antike, Christentum und Germanentum entstand das Mittelalter und mit ihm neue Kunstformen.

98. Die Herrschaft der 100 Tage

Wenige Monate nach der Thronbesteigung Ludwigs XVIII. benutzte Napoleon die allgemeine Unzufriedenheit, um Elba zu verlassen und sich des Thrones wieder zu bemächtigen. Am 1. März 1815 landete er in Frankreich, wo er mit Begeisterung empfangen wurde, und einige Tage darauf zog er wieder in Paris ein, entschlossen, einen letzten Entscheidungskampf mit Europa zu wagen. Bereits Mitte Juni brach er mit etwa 130 000 Mann nach Belgien auf, schlug die Preußen bei Ligny, verlor aber die entscheidende Schlacht bei Waterloo, in der sich die Engländer unter Wellington und die Preußen unter Blücher auszeichneten. Dieser Sieg der Verbündeten machte „der Herrschaft der 100 Tage" ein Ende. Während die Preußen gegen Paris vormarschierten, ergab sich Napoleon den Engländern, von denen er nach St. Helena, einer kleinen Insel des Atlantischen Ozeans, verbannt wurde, wo er am 25. Mai 1821 starb.

99. Die Académie Française

Von 1629 ab bildete sich in Paris ein privater Kreis, dem mehrere Schriftsteller und Freunde der Literatur angehörten. Dieser Kreis, der Vorläufer der späteren Académie Française, tagte in der Wohnung des königlichen Sekretärs Conrart, seine Seele war der Dichter Chapelain. Als Richelieu von diesen privaten Zusammenkünften erfuhr, beschloß er, aus dem privaten Kreis eine öffentliche Einrichtung nach dem Vorbilde der „Academia della Crusca" in Florenz zu machen. Bei der ersten Sitzung der neugegründeten Académie Française gab es 24 Mitglieder, erst 1639 wurde die vorgeschriebene Zahl von 40 Akademiemitgliedern erreicht.

1635 erließ Ludwig XIII. das Gründungsdekret.

Zu den ersten Mitgliedern gehörten Voiture, Guez de Balzac, Racan, Desmarets, St. Amant, Vaugelas, dagegen nicht Corneille.

Die Ziele der Académie Française waren einmal die Reinigung der Sprache und Festlegung des Sprachgebrauches; dann aber auch die Ausarbeitung eines Wörterbuchs, einer Grammatik, Poetik und Rhetorik. Die Leitung der Arbeiten für das Wörterbuch übernahm Vaugelas, der 1650 starb. Das Wörterbuch erschien erst 1694. Die „Remarques sur la langue française" von Vaugelas (1647) füllten vorerst diese Lücke aus. Neben ihm war Furetière der bedeutendste Mitarbeiter am Akademiewörterbuch.

Die im 17. Jahrhundert geplante Grammatik der französischen Akademie erschien erst im 20. Jh. (1931). Sie ist lückenhaft und rückständig. Die geplante Rhetorik und Poetik ist bis heute nicht erschienen.

Die Akademie wurde zur Hüterin des französischen Sprachschatzes, hat aber auf die Gestaltung der französischen Sprache keinen großen Einfluß gehabt. Ihr Wörterbuch ist unvollkommen und atmet den Geist eines schulmeisterlichen Purismus. Die Akademie ist schuld an der Spracharmut des 17. Jh. gegenüber der reichen Sprache der Renaissance.

Schon früh erschienen Spottschriften gegen die Académie Française. Die erste verfaßte Ménage.

Die Akademie, welche 1672 von Ludwig XIV. einen Saal im Louvre als ständigen Sitz angewiesen erhielt, wurde 1793 aufgehoben, 1795 aber wieder ins Leben gerufen als Abteilung des „Institut de France", das die 5 alten Akademien zusammenfaßt.

Die Einrichtung der französischen Akademie war im Laufe der Jahrhunderte immer sehr umstritten. Bedeutende Schriftsteller wie Molière, Pascal, Descartes, Rousseau, Diderot, Honoré de Balzac, Zola haben ihr nicht angehört.

100. Byzanz

Byzanz wurde von den Griechen im 7. Jahrhundert v. Chr. gegründet. Kaiser Konstantin der Gr., der die christliche Lehre zur Staatsreligion erhob, machte es 330 n. Chr. an Stelle Roms zur Hauptstadt des Römerreiches. Seit dieser Zeit heißt es Konstantinopel. 365 zerfiel das Reich. Es spaltete sich in das weströmische Reich mit der Hauptstadt Rom und in das oströmische mit der Hauptstadt Konstantinopel. Dieses hielt sich noch tausend Jahre, bis es endlich ein Raub der Türken wurde (1453). Das weströmische Reich brach schon in der Völkerwanderung zusammen (476).

Konstantinopel, eine der schönsten Städte der Welt, liegt für den Handel sehr günstig. Es steht im Brennpunkt des Verkehrs. Im Süden ist es vom Marmarameer, im Osten vom Bosporus, im Norden vom Goldenen Horn umspült, das bei einer Breite von etwa 600 m sieben Kilometer ins Land einschneidet und einen der größten, sichersten und bequemsten Häfen der Welt bildet.

(Nach „Lehrbuch der Handelsgeschichte" von Georg Waibel, Verlag Oldenbourg, München 1929)

101. Der Esel, der Hahn und der Löwe

Ein Esel und ein Hahn befanden sich zusammen auf einer Wiese, als ein hungriger Löwe herankam, der sich sofort den Esel zu seinem Mittagessen auswählte. Man sagt, daß der Löwe eine angeborene Furcht vor dem Krähen des Hahnes habe. Nun wollte es der Zufall, daß unser Hahn in diesem Augenblick zu krähen anfing; da floh der Löwe, so schnell als er gekommen war. Der Esel, der es sehr seltsam fand, daß ein Löwe sich vor einem Vogel fürchtete, faßte wieder Mut und verfolgte ihn, entzückt über den Gedanken, den König der Tiere vor sich herzutreiben. Aber er war noch nicht weit gekommen, als der Löwe sich plötzlich umdrehte, auf den Esel zulief und ihn zerriß.

Es ist nur ein Schritt von der Unwissenheit zur Selbstüberschätzung und von der Selbstüberschätzung zur Tollkühnheit.

102. Marco Polo

Marco Polo (geb. 1254), der Sohn des Venezianers Nicolo Polo, war der bedeutendste Reisende des Mittelalters. Sein Vater und dessen Bruder hatten eine Reise zum Großkhan der Mongolen, Kublai, gemacht, waren dort mit größter Achtung empfangen worden, viele Jahre geblieben und 1269 nach

Italien zurückgekehrt. Dem Wunsche des Khans gemäß sollten sie als seine Gesandten nach Rom gehen und den Papst bitten, er möge eine größere Anzahl Männer für sein Volk senden als Lehrer der freien Künste und der christlichen Religion.

1271 gingen sie in Begleitung zweier Dominikaner und des jungen Marco Polo zum zweitenmal nach Asien. Die Geistlichen blieben aber schon in Armenien zurück. Die Polos zogen über Bagdad zum Persischen Meere, von Ormus aus quer durch den Iran, zum oberen Amur und über das Hochland Pamir am Lobnor vorbei nach China zur Stadt des Khans, Kambula, der voll Ungeduld ihnen bereits Boten entgegengeschickt hatte und sie aufs herzlichste begrüßte. Der junge Marco Polo gewann die Gunst des Großkhans in hohem Grade, machte als dessen Vertreter Reisen im Chinesischen Reiche und wurde sogar Statthalter einer Provinz. Ungern entließ ihn der Khan nebst seinem Vater und Oheim, als die Sehnsucht sie nach ihrem Vaterland zurückzog. Mit Geleitbriefen auf goldenen Täfelchen versehen, traten sie 1292 im Gefolge einer kaiserlichen Prinzessin, um deren Hand der Herrscher von Persien geworben hatte, die Heimreise an. Sie fuhren mit einer stattlichen Flottille von 14 Schiffen mit je 250 Mann Besatzung durch das Südchinesische Meer, besuchten die Sundainseln und Vorderindien und landeten in Ormus. Während ihrer Rückkehr über Persien, Armenien und Trapezunt erfuhren sie den Tod ihres Freundes und Gönners, des Großkhans Kublai. 1295 in Venedig angelangt, hatten sie Mühe, sich auszuweisen. So sehr hatte der lange Aufenthalt unter Fremden (24 Jahre) ihr Äußeres und selbst ihre Sprechweise verändert.

1298 geriet Marco Polo in einem Seetreffen in die Gefangenschaft der Genuesen, von denen er sehr aufmerksam behandelt wurde. Er diktierte seinen Reisebericht in französischer Sprache einem Mitgefangenen. 1299 wieder freigegeben, verheiratete er sich und verbrachte den Rest seines Lebens, von allen geachtet, in seiner Vaterstadt Venedig. Er starb 1324.

Sein Reisebericht ist von höchster Wichtigkeit; denn Marco Polo war der erste Reisende, der ganz Asien und die einzelnen Länder von Japan bis Madagaskar, von Sibirien bis Sumatra beschrieb. Er erwähnt den Gebrauch der Steinkohle und des Papiergeldes. Er gab eine Menge von Nachrichten in der Zeit, als das mongolische Weltreich seine größte Blüte erreicht hatte, und nannte zuerst Japan. Durch seine Schilderung jener fernen Reiche Asiens gab er den Anstoß zu den großen geographischen Entdeckungen, mit denen das Mittelalter abschließt.

(Nach „Lehrbuch der Handelsgeschichte" von Georg Waibel, Verlag Oldenbourg, München 1929)

103. Figaros Hochzeit

Unter den dramatischen Meisterwerken von Wolfgang Amadeus Mozart (1756 — 1791) nimmt die komische Oper „Figaros Hochzeit" eine bevorzugte Stelle ein. Der Text, von Lorenzo da Ponte in italienischer Sprache gedichtet, vereinigt dramatische Wirksamkeit mit Tiefe der Empfindung und paßt sich so dem Wesen Mozarts in ganz besonders glücklicher Weise an. Die erste Aufführung des Werkes fand in Wien am 1. Mai 1786 statt. Aber trotz der überreichen musikalischen Schönheiten, und obwohl einige später berühmt gewordene Musiknummern wiederholt werden mußten, bedeutete diese Uraufführung höchstens einen halben Erfolg. Erst nachdem einige Zeit später in Prag eine besonders sorgfältig einstudierte Aufführung stattgefunden hatte, war für das Werk der Weg zu den übrigen Bühnen frei, und seitdem, also seit fast 140 Jahren, hat die Mozartsche Meisterschöpfung ihre Anziehungskraft bewahrt. Sie vermag den Musiker wie den Laien immer wieder von neuem zu fesseln und zu entzücken.

(Aus der Einführung zur Textausgabe der „Bayerischen Radiozeitung".)

104. Die europäische Kunst im 15. und 16. Jahrhundert

Neben der religiösen Baukunst der Kathedralen finden wir gegen Ende des Mittelalters auch eine weltliche Kunst, der wir eine Reihe von Burgen verdanken. Die Burgen standen meist auf einer erhöhten Stelle im Gelände. Sie waren von starken Mauern umgeben, die vielfach durch Zinnen ihren oberen Abschluß fanden. Der Mittelpunkt der Verteidigung war meist der hohe Wehrturm.

Auch die Städte waren mit Wällen umgeben, von denen wir heute noch einige in Carcassonne, Chester, Toledo und Avila finden.

Die flämische Kunst

Die reichen flandrischen Städte Gent, Brügge, Brüssel und Antwerpen wurden Mittelpunkt einer neuen Kunst. Die erste flämische Schule, zu der u. a. die Brüder van Eyck und Roger von der Weyden gehörten, hat kostbare Meisterwerke hinterlassen. Die flämische Schule wird vor allem durch den Glanz der Farbe gekennzeichnet. Deshalb wurden auch lange Zeit die Brüder van Eyck als Erfinder der Ölmalerei angesehen.

Die französische Malerei der Frühzeit

In Frankreich waren die ersten Zentren der Malerei gegen Ende des Mittelalters Burgund, die Provence und die Touraine. Einige Werke dieser Maler der Frühzeit sind bemerkenswert, die große Erneuerung der Kunst, vor allem auch der Malerei, trat aber erst mit der Renaissance ein.

Die deutsche Malerei im 15. und 16. Jahrhundert

Im 15. und 16. Jahrhundert beginnt eine bedeutungsvolle Entwicklung der deutschen Malerei, die ihren Höhepunkt im 16. Jahrhundert findet. Teilweise haben hierbei flämische und italienische Einflüsse eine große Rolle gespielt. Martin Schongauer verdanken wir das schöne Gemälde „Maria im Rosenhag". Der bedeutendste deutsche Maler des 16. Jahrhunderts war Albrecht Dürer, der starke italienische Einflüsse empfangen und vor allem in Venedig die Kunst der Farbe gelernt hatte. Wir verdanken Dürer Meisterwerke, wie die Vier Apostel und die Apokalypse. Einer der bekanntesten Stiche des Nürnberger Meisters heißt Ritter, Tod und Teufel. Matthias Grünewald malte den herrlichen Isenheimer Altar, der sich heute in Kolmar im Elsaß befindet. Hans Holbein malte u. a. das berühmte Porträt des Erasmus von Rotterdam. Die Kunst Lukas Cranachs ist schlicht, er behandelte vor allem mythologische Motive.

Die Bildhauerei

Neben der Malerei spielte in jener Zeit auch die Bildhauerei eine große Rolle. Das Zentrum dieser Kunst war Nürnberg, wo wir bedeutende Künstler wie Adam Krafft und Peter Vischer finden. Veit Stoss schuf den berühmten „Englischen Gruß", während wir Tilman Riemenschneider wunderbare Altäre verdanken.

105. Der Dichter Juan Ramón Jiménez

Juan Ramón Jiménez wurde am Heiligen Abend des Jahres 1881 in Moguer (Huelva), dem Ausgangspunkt der ersten Fahrt des Kolumbus, geboren. Schon seine ersten um die Jahrhundertwende geschriebenen Verse erregten durch ihre stilvolle Form, ihre Ausdruckskraft und die subtile Behandlung der Themen beträchtliches Aufsehen. Der Einfluß des aus Nicaragua stammenden Dichters Rubén Darío ist zu Beginn nicht zu verkennen; aber bald schon vollzieht sich die Loslösung, und der ganze Reichtum wie auch die in seiner Persönlichkeit wurzelnden Eigenheiten beginnen sich zu entfalten.

Das Werk von Juan Ramón Jiménez, in dem die Kritik mehr noch als Einflüsse Verwandtschaften mit Bécquer, Espronceda, Lamartine, Byron und Heine entdeckt hat, gewinnt immer mehr Freunde, nach dem Wahl-

spruch von Goethe, den der Dichter aus Moguer für seine „Zweite Antho-
logie" übernommen hat: „Wie das Gestirn, ohne Hast, aber ohne Rast",
bis zur Eroberung der „inmensa minoría", der „Unendlichen Minderheit",
an die es sich richtet.

1916 heiratete Juan Ramón Jiménez, der seinen Wohnsitz in Madrid
genommen hatte, die aus Puerto Rico gebürtige Zenobia Camprubí, eine
Frau von ausgeglichenem Wesen, die ihm eine wirkliche Gefährtin wurde
und ihn zu immer neuem Schaffen anregte. So muß man sofort das in Ver-
sen geschriebene „Diario de un poeta recién casado" (Tagebuch eines jung-
verheirateten Dichters) in Verbindung zu ihr bringen; es gehört wohl mit zu
den bekanntesten Schöpfungen des Dichters nach seinem Buch „Platero y
yo" (Platero und ich), in dem die spanische Prosa vielleicht den höchsten er-
reichbaren Grad dichterischer Gestaltung erreicht hat. In jene Zeit fiel auch
seine erste Reise nach Amerika und den Vereinigten Staaten, wo er einen
beachtlichen Teil seines Lebenswerkes geschrieben hat.

Nach seiner Rückkehr nach Madrid, von wo aus er oft seine andalusische
Heimat besuchte, überraschte ihn in der Hauptstadt 1936 der Bürgerkrieg.
Er ging, veranlaßt durch die Fortdauer der Feindseligkeiten, nach den
Antillen.

All die Jahre lebte Juan Ramón Jiménez in Amerika als Professor für
spanische Literatur; zuerst in den Vereinigten Staaten, später in Buenos
Aires und zuletzt in Puerto Rico, dem Heimatland seiner Frau. Aber nie
hat er Spanien vergessen, noch vergaß Spanien ihn.

106. Goethes Italienische Reise

Am 3. September 1786 brach Goethe heimlich, ohne Wissen der Frau von
Stein, aus Karlsbad nach Italien auf; nur der Herzog und der Diener Seidel
waren unterrichtet; am 18. Juni 1788 traf er als Verwandelter wieder in Weimar ein. Die Hinreise über Regensburg, München, Innsbruck, den Brenner,
Bozen und Trient beschleunigte er wie von der Angst getrieben, er könne
noch zurückgeholt werden. Voll Ehrfurcht zieht er den Hut vor den ersten
Schneegipfeln der Alpen. Am Walchensee begegnet ihm ein Mädchen, das an
die Mignon erinnert, deren Gestalt er schon vor Jahren in „Wilhelm Meisters
Theatralischer Sendung" erfunden hatte. „Nach Walchensee gelange ich um
halb fünf. Etwa eine Stunde vor dem Orte begegnet mir ein artiges Abenteuer: ein Harfner mit seiner Tochter, einem Mädchen von elf Jahren, gingen vor mir her und baten mich, das Kind einzunehmen. Er trug das Instru-
ment weiter; ich ließ sie zu mir sitzen, und sie stellte eine große neue Schach-

tel sorgfältig zu ihren Füßen. Ein artiges ausgebildetes Geschöpf, in der Welt schon ziemlich bewandert." Bei Schönberg, am Eingang des Stubaitales, sah er die erste Zirbelkiefer, in Bozen die Weinlauben und köstliches Obst, in Trient die Üppigkeit der Vegetation. Die Sonne scheint heiß, und man glaubt wieder einmal an einen Gott. Er reist unter dem Namen Kaufmann Philipp Möller und freut sich, mit dem sorglosen sinnlichen Volk italienisch sprechen zu können. In Malcesine am Gardasee, den er bis Bardolino mit dem Segelboot durchfährt, begegnet ihm ein Abenteuer. Durch das Abzeichnen des Kastells, das zum venezianischen Hoheitsgebiet gehört, kommt er in den Verdacht eines österreichischen Spions und soll verhaftet werden. Es gelingt ihm aber, Publikum und Behörden von seinen harmlosen Absichten zu überzeugen.

(Aus Ernst Reisinger, Goethe, Leben und Werk, Max Hueber Verlag)

107. Napoleon

Am 2. Dezember 1804 strömte die Pariser Bevölkerung herbei, um der Krönung Napoleons beizuwohnen. Nachdem Napoleon dieses Ziel seines Ehrgeizes erreicht hatte, kannte sein Stolz keine Grenzen mehr. Ganz Europa wollte er seinem allmächtigen Willen unterwerfen. Wie groß auch seine Erfolge waren, und obwohl ein außerordentliches Glück alle seine Pläne zu begünstigen schien: auf Sankt Helena hat er einsehen müssen, daß jener Philosoph des Altertums recht hatte, der sagte, niemand könne vor seinem Tode glücklich genannt werden. Während seiner Gefangenschaft und nach seinem Tode haben unter anderem die Gedichte von Béranger und Victor Hugo am meisten dazu beigetragen, seinen Namen volkstümlich zu machen. Besonders Victor Hugo versteht es, das Mitleid zur Bewunderung Napoleons zu fügen, indem er den großen Kaiser in den Tagen des Unglücks schildert und ihn so seinen Landsleuten menschlich näher rückt. Diese Volkstümlichkeit Napoleons hat sich am besten gezeigt, als etwa 40 Jahre nach der Krönung ganz Frankreich sich beeilte, die sterblichen Überreste des Kaisers zu begrüßen, die man nach Paris übergeführt hatte, gemäß seinem Testamente, in welchem er sagte, er wünsche, daß seine Asche an den Ufern der Seine ruhe, inmitten des Volkes, das er so sehr geliebt habe.

108. Jean-Paul Sartre

Jean-Paul Sartre wurde am 21. Juni 1905 in Paris geboren. Er war kaum acht Monate alt, als sein Vater als Seemann in Indochina starb. Er besuchte von seinem 11. Lebensjahr an die höhere Schule in La Rochelle und später in Paris das Lycée Henri IV., an dem sein Großvater Deutschlehrer war.

1920 begann er sein Philosophiestudium. Der junge Kandidat der Philosophie wird zunächst Professor in Laon, dann in Le Havre. 1933 verbringt Sartre einige Zeit am Institut Français in Berlin und beschäftigt sich mit deutscher Philosophie. Nach dem Berliner Aufenthalt setzt er seine Lehrtätigkeit am Lycée Pasteur in Neuilly in der Nähe von Paris fort. Sein Roman „Der Ekel" (1938) erregt damals Aufsehen. 1939 erscheint der Erzählungsband „Die Mauer". Im September 1939 wird er Soldat und gerät 1940 an der Maginot-Linie in Gefangenschaft, verbringt neun Monate in einem Gefangenenlager bei Trier. Nach seiner Entlassung 1941 nimmt Sartre seine Lehrtätigkeit in Neuilly wieder auf und setzt sie in Paris im Lycée Condorcet fort. Von diesem Zeitpunkt an beginnt seine rege Tätigkeit als freier Schriftsteller, Verfasser von Theaterstücken und philosophischen Streitschriften.

108a. Die russischen Revolutionen von 1917

Im März 1917 brach in Rußland eine Revolution aus (nach russischer Zeitrechnung im Februar). Die Ursachen des Umsturzes waren einerseits die für Rußland ungünstigen militärischen Ereignisse, vor allem aber die ernsten sozialen Probleme, die das absolutistische Zarenregime nicht lösen konnte. Die Revolution, die mit einem Aufstand von Arbeitern und Soldaten in Petersburg (heute Leningrad) begonnen hatte, führte zur Bildung einer vorläufigen Regierung unter Kerenski und zur Abdankung des letzten Zaren. Kerenski setzte den Krieg fort, jedoch ohne Erfolg. Die deutschen und österreichischen Truppen rückten immer weiter in russisches Gebiet vor. Nach der Rückkehr von Lenin aus der Schweiz, der mit Erlaubnis der damaligen deutschen Regierung durch Deutschland nach Rußland reiste, begann der Kampf der inzwischen in vielen Städten gebildeten Arbeiter- und Soldatenräte gegen die Regierung Kerenski und die reaktionären Militärs. Am 7. November 1917 (nach russischer Zeitrechnung im Oktober, daher spricht man in Rußland immer von der Oktober-Revolution) errangen die Bolschewisten unter Lenin und Trotzki die Macht. Es begann ein blutiger Bürgerkrieg der „Roten" gegen die „Weißen", der mit dem völligen Sieg der roten Armee 1922 endete.

ABSCHNITT IV

A. Allgemeine Texte

109. Ein harter Winter

Die Kälte in vielen Teilen Europas hält an. Heftige Schneefälle gab es am Mittwochvormittag in Rom, und die Römer mußten durch tiefen Schnee zur Arbeit gehen. Die meisten Pässe des Apennin sind bei Schneehöhen bis zu einem Meter unpassierbar. Schneeverwehungen behinderten in Italien auch an anderen Stellen den Verkehr. In der Nähe von Avezzano im mittleren Apennin wurden etwa 200 Autos durch Schneeverwehungen festgehalten. In Oberitalien, wo es seit drei Tagen schneit, sind die Temperaturen erneut gefallen. Bei Bozen wurden in der Nacht zum Mittwoch minus 15 Grad gemessen.

Heftige Schneefälle verursachten in Österreich ein Verkehrschaos. In den Straßen Wiens kam es zu Schneeverwehungen, wie man sie sonst nur in Gebirgsgegenden kennt. In den Außenbezirken kam der Verkehr mit Straßenbahnen und Autos fast völlig zum Erliegen. Die Zugverspätungen betrugen oft viele Stunden. Zwischen St. Pölten und Mariazell blieb ein Zug im Schnee stecken. Die Wiener Stadtverwaltung sah sich gezwungen, das Heer zur Beseitigung der Schneemassen zu Hilfe zu rufen. Obwohl 170 Schneepflüge und 1000 Soldaten in den Hauptstraßen den Schnee räumten, wurden die Gleise der Straßenbahn immer wieder zugeweht.

Der Schweizer Lawinendienst hat die Skifahrer vor der erhöhten Lawinengefahr gewarnt. In der Nacht zum Mittwoch sind an vielen Stellen der Schweizer Alpen 30 Zentimeter Schnee gefallen. Für Donnerstag werden neue Schneefälle erwartet. In den Berner Alpen wurden am Mittwochmorgen 29 Grad Kälte gemessen. Auch in ganz Frankreich herrschen Wintertemperaturen.

110. Wohlgerüche

Königinnen liebten es zu allen Zeiten, sich mit Wohlgerüchen zu umgeben. Die erste Frau Napoleons, Josephine Beauharnais, liebte den schweren Moschusgeruch ebensosehr, wie ihr kaiserlicher Gemahl ihn haßte. Als Napoleon einmal unvermutet von einem Feldzug heimkehrte und seine Frau nicht vorfand, ließ er vor Zorn ihre Möbel entfernen und die duftgeschwängerten Wände neu kalken. Königin Luise war Zeit ihres Lebens in eine Wolke von Moschusduft gehüllt. Für Königin Elisabeth von England entwarfen die französischen Kosmetiker bei ihrem Staatsbesuch in Frankreich ein Parfüm, dessen Rezept nie mehr verwendet werden darf.

111. Das wirtschaftliche Gesicht Südamerikas

Das wirtschaftliche Gesicht Südamerikas hat sich durch den Krieg stark verändert. Am augenfälligsten tritt diese Wandlung in der Umstellung seines Außenhandelsgefüges in Erscheinung. An Stelle der im Kriege ausgefallenen europäischen Absatz- und Bezugsmärkte sind weitgehend die Vereinigten Staaten getreten. Industriell haben die südamerikanischen Staaten stark aufgeholt und eine hohe Blüte erreicht.

Der wachsende Wohlstand Südamerikas äußerte sich in einer raschen Zunahme der Bautätigkeit, die stets eine Konjunkturwelle einzuleiten pflegt. Die Industrialisierung der Länder wurde trotz verschiedener Materialschwierigkeiten sehr stark vorangetrieben und von den Regierungen durch Zollschranken geschützt. Die meisten südamerikanischen Staaten neigen dazu, Importe von Regierungsgenehmigungen abhängig zu machen, um ihre einheimischen Erzeugnisse, die durch hohe Herstellungskosten verteuert werden, konkurrenzlos auf dem Inlandsmarkt absetzen zu können.

Argentinien hatte sich durch den zweiten Weltkrieg am meisten entwickelt und war auf dem Wege, zu einem bedeutenden Importland zu werden. Es hat einen Teil seiner Ausfuhrüberschüsse dazu verwendet, die in den Händen des Auslands befindlichen Eisenbahnen zu erwerben und in Staatsbesitz zu überführen, wie dort überhaupt Verstaatlichungen im größeren Rahmen vorgenommen wurden. Seit einigen Jahren herrscht jedoch eine starke Wirtschaftskrise.

Ein stark aufstrebendes Land ist auch Kolumbien. Sein Reichtum erwächst in erster Linie aus seiner Kaffeeproduktion, nach der starke Nachfrage in den USA besteht. Im allgemeinen sind die Pflanzungen im Staatsbesitz. Ferner gibt es in Kolumbien bedeutende Petroleum- und Kohlelager. Seit kurzem werden auch die Platingewinnung und die Viehzucht stärker gefördert, nachdem die Verkehrsschwierigkeiten überwunden wurden. In dem ausgedehnten, aber unwegsamen Land nahm die Luftfahrt als Verkehrsmittel einen ungewöhnlichen Aufschwung.

Venezuela ist das drittgrößte Erdölland der Welt. Die Vorkommen werden von amerikanischen und anglo-holländischen Gesellschaften ausgebeutet und bringen der Regierung durch die hohen Abgaben einen beträchtlichen Devisenzuschuß. Hierdurch wurde ein hoher Lebensstandard der Bevölkerung ermöglicht.

Andererseits muß die Regierung für den Export von Kaffee und Kakao Zuschüsse gewähren. Die hohen Löhne in der Erdölerzeugung ziehen die Arbeiterschaft von der Landwirtschaft ab, deren Bedeutung daher zurückgegangen ist.

(Übersetzungsaufgabe, „Die Fremdsprache", Nr. 3/1951, ausgewählt von Dr. F. Paepcke).

112. Anekdoten und Witze

a) Der Beweis

In einem Chicagoer Selbstbedienungs-Restaurant hat sich ein kleiner, alter Mann einen Platz reserviert und geht zur Theke, um sich eine Tasse Kaffee zu holen.

Als er zurückkehrt, sitzt ein gewalttätig aussehender Riese auf dem Stuhl, den sich der Kleine reserviert hat.

„Pardon", sagte er, „ich hatte mir diesen Sitz reserviert." — „Beweis?" grollt der Riese drohend, ohne sich zu rühren. „Sie sitzen auf meiner Sahnetorte, die ich auf den Stuhl gestellt hatte."

b) Tollwut

In Pittsburg ist ein Mann von einem Hund gebissen worden. Die Wunde schmerzt, aber erst nach geraumer Zeit begibt sich der Verletzte zu einem Arzt. Von dem hört er zu seinem Schrecken, er sei von einem tollwütigen Hund gebissen und müsse sterben. Der Mann denkt einen Augenblick nach. Dann verlangt er Papier und Bleistift und fängt an zu schreiben.

„Moment!" sagt der Arzt, „ich werde einen Notar rufen." — „Nicht nötig, Doc", erwidert der Mann, „ich mache nicht mein Testament... ich stelle nur eine Liste der Leute auf, die i c h noch schnell beißen will."

c) Die Mädchen der Königin

Bei Königin Juliane von Holland erschien eines Tages ein reicher Spekulant und Hoflieferant und bat dreist und unverblümt: „Majestät, ich würde mich sehr glücklich schätzen, wenn Sie meinem Sohn eines Ihrer Mädchen zur Frau geben würden!" — „Gerne", erwiderte lächelnd die schlagfertige Königin, „Ihr Sohn muß mir nur sagen, ob er eines meiner Stuben- oder eines meiner Küchenmädchen will!"

113. Berlin

Von Anbeginn seiner Geschichte steht Berlin zwischen den Strömungen von Ost und West. Die Kurfürsten des Hauses Hohenzollern waren aus dem Südwesten des Reiches gekommen und nahmen in der nordöstlichen Provinz Preußen die Königskrone. Seither hatte das Zentrum des neuen Großstaates seine ständige Ausstrahlung nach beiden Richtungen, und seine Politik befand sich oft im Wechselkurs zweiseitiger Einflüsse.

Typisch für das Berlin früherer Generationen war der strenge, sparsame, disziplinierte Lebensstil seiner Intelligenzschicht. Eine besondere Note hatte von jeher der kühne und herzhafte Berliner Witz, und die Leidenschaft des Berliners für das Theater hatte kaum ihresgleichen.

Im Jahre 1937 feierte die deutsche Hauptstadt ihr 700jähriges Bestehen, denn im 13. Jahrhundert wurde an einer alten Handelsstraße über die Spree die Doppelstadt Berlin-Cölln gegründet. Als Handelsplatz war sie über 100 Jahre lang Mitglied der Hanse. Im 15. Jahrhundert wurde sie von den Landesherren der Mark Brandenburg zur Residenz erhoben.

Mit der Regierungszeit des Großen Kurfürsten (1640—1688) begann der Aufstieg Berlins. Neue Stadtteile entstanden, und die Zahl der Einwohner stieg auf über 10 000. Unter Friedrich dem Großen (1740 bis 1786) wurde Berlin mit rund 150 000 Einwohnern zu einer europäischen Hauptstadt.

Zwei große Baumeister vor allem gestalteten das Bild der Residenzstadt. Andreas Schlüter baute um 1700 das barocke Königsschloß. Sein Reiterstandbild des Großen Kurfürsten steht heute im Ehrenhof des Charlottenburger Schlosses in Westberlin. Karl Friedrich Schinkel gab der Stadt mit dem Schauspielhaus, der Neuen Wache, dem Alten Museum und anderen klassizistischen Bauten nach den Befreiungskriegen ein neues Gesicht.

Schon der Große Kurfürst hatte eine breite Lindenallee angelegt, die vom Schloß aus nach Westen führte. Um 1790 entstand an ihrem westlichen Ende das heutige Wahrzeichen von Berlin, das Brandenburger Tor, gekrönt von dem schönen Viergespann Schadows. Die Prachtstraße „Unter den Linden" wurde weltbekannt. Durch das Brandenburger Tor hielt 1806 Napoleon als Sieger und 1871 Wilhelm I. als deutscher Kaiser seinen Einzug in Berlin. Immer mehr Menschen strömten in die Stadt, große Mietskasernen, Geschäftshäuser und Ministerien entstanden. Berlin wuchs zu einer Weltstadt heran.

Schon seit der Zeit des Großen Kurfürsten hat Berlin unzählige Gelehrte und Künstler angezogen. Es wurde Mittelpunkt der deutschen Wissenschaften. In der von Leibniz im Jahre 1700 gegründeten Akademie der Wissenschaften wirkten die größten Mathematiker des 18. Jahrhunderts, später die Historiker Ranke und Mommsen, die Philologen Jakob und Wilhelm Grimm, die Ärzte

Virchow, Koch und Sauerbruch, die Physiker Max Planck, Albert Einstein und viele andere.

1810 gründete Wilhelm von Humboldt die Universität. Ihr erster Rektor war der Philosoph Fichte. Sie errang bald die Führung unter den deutschen Hochschulen. Wissenschaftliche Vereinigungen, Forschungsinstitute und Bibliotheken entstanden. In der internationalen Liste der Nobelpreisträger ist kein Ortsname so häufig verzeichnet wie Berlin.

Zur Zeit Friedrichs des Großen wurde Berlin zur Stadt der deutschen Aufklärung. Lessing schrieb hier „Minna von Barnhelm", das erste große deutsche Lustspiel.

Eine literarische Blüte erlebte Berlin zur Zeit der Romantik, Anfang des 19. Jahrhunderts. In den „Salons" wohlhabender Bürger trafen sich Kleist, die Gebrüder Schlegel, Arnim, E. T. A. Hoffmann, Tieck und der junge Heine, um nur einige zu nennen. Später schrieb Raabe in Berlin die „Chronik der Sperlingsgasse", Keller den „Grünen Heinrich", Fontane seine Berliner Romane. Gerhart Hauptmann sagte von Berlin, daß er ihm „seine literarische Existenz verdanke". Hunderte von Verlagen gaben in Berlin Werke der Wissenschaft und Literatur heraus.

114. Unentbehrlicher Schlaf

Beim Studium der Lebensgewohnheiten zahlreicher 70-, 80- und 90jähriger stieß man auf allerlei Widersprüche. Die einen waren Nichtraucher, die anderen starke Raucher, die einen tranken, die andern hatten Übergewicht. Es gab aber etwas Gemeinsames:

Alle bestätigten, daß sie immer genügend Schlaf hatten. Um arbeiten zu können, braucht man mindestens sieben Stunden Schlaf.

Dieses Mindestmaß wird aber von vielen Menschen nicht erreicht, und bei einer Umfrage gestand jeder Vierte, daß er die Folgen dieses chronischen Schlafmangels schon zu spüren bekomme.

Viele Forscher von Rang und Namen vertreten die Ansicht, daß die durchschnittliche Lebensdauer eines Tages hundert Jahre betragen wird. Doch dahin ist der Weg noch weit. Jeder kann seine Aussichten aber schon heute beträchtlich erhöhen, wenn er, statt sich auf die Ärzte und irgendwelche Wunder zu verlassen, seine Kräfte schont und viel schläft.

115. So entstehen die Wetterberichte

Ununterbrochen klappern die Fernschreiber. Seltsame Zahlengruppen reihen sich auf dem Papier aneinander. Jede dieser Ziffern bedeutet eine Aussage über das Wetter. Im Gebäude des Seewetteramtes in Hamburg vereinen sich die Meldungen von weit über 600 Stationen fast der ganzen nördlichen Hemisphäre. Alle drei Stunden geben sie eine genaue Mitteilung über Temperatur, Luftdruck, Niederschlag, Wind, Sicht und Wolkenhöhe. Ebensooft gehen die Meldungen wieder hinaus an die Fischdampfer und Flugzeuge, an Betriebe und Behörden, kurz an alle, für die das Wetter von Bedeutung ist.

Die Meteorologen übertragen die eingehenden Meldungen auf ihre vorgedruckten Europakarten. Aus den geheimnisvollen Zahlen werden nun Zeichen in Form von Linien, Strichen, Schraffierungen, Pfeilen und Kreisen, und plötzlich liegt vor dem Beschauer eine Momentaufnahme des Wetters von ganz Europa zu einer bestimmten Stunde. Und indem sich alle paar Stunden eine Aufnahme an die andere reiht, fügen sich die Bilder gleichsam zu einem Film zusammen; denn Bild neben Bild ergibt eine Bewegung der Linien und Striche. Es ist, als habe ein Aufklärungsflugzeug die Bewegungen des Feindes festgestellt, dessen mutmaßliche Absichten nun von den Meteorologen untersucht werden, um hiernach den Wetterbericht für den folgenden Tag zu formulieren.

Schwieriger ist es schon, das Wetter auf vier bis zehn Tage vorauszusagen. Durch Beobachtungen der Wetterkurve der letzten Wochen wird festgestellt, wie oft Hoch- und Tiefpunkte wiederkehren, denn das Wetter folgt einem Rhythmus, dessen Wellenlängen ungefähr ablesbar sind. Man kann auf diese Weise also wahrscheinliche Hoch- und Tiefpunkte voraussagen. Daneben prüft man an Hand alter Wetterkarten, die es bereits seit 1876 gibt, die Wetterlage früherer Zeiten und untersucht sie nach ähnlichen Fällen, um hieraus Schlußfolgerungen für den Ablauf des Wetters zu ziehen.

(Aus „Hausfrauenblatt", Nr. 29 v. 18. 7. 58, gekürzt).

116. Der Gardasee

Der Gardasee ist der größte und interessanteste aller italienischen Seen. Er liegt nur 24 km von Verona entfernt. In Peschiera beginnt die Gardesana-Straße, die den ganzen Gardasee umrahmt.

Der Gardasee bietet mannigfaltige und unvergleichliche Panoramen. Das Klima ist wie an der Riviera, die Luft wie am Mittelmeer. In diesem unbeschreiblich schönen See spiegeln sich die Alpen und die sanften Hügel mit ihren Zypressen, Weingärten und Olivenhainen.

Die Ortschaften am Gardasee Malcesine, Brenzone, Torri del Benaco, Garda, Bardolino, Lazise und Peschiera bieten dem Besucher moderne Hotels, Badeanstalten und Privathäuser.

117. Pflanzenbau

Rohrzucker

Zuckerrohr verlangt gleichmäßige Wärme und eine mit Feuchtigkeit gesättigte Luft. Wie die Kokospalme wird es daher fast ausschließlich auf tropischen Inseln und an den Küsten tropischer Länder angebaut. Neben den reichlichen Niederschlägen braucht die Pflanze sehr viel Bodenwasser, das aber im Gegensatz zu den Bedürfnissen des Reises in steter Bewegung sein muß. Es ist daher die Anlage von Gräben nötig, in die die junge Zuckerpflanze gesetzt wird, ferner eine gute Dränage. Ist nach etwa 12 Monaten das Zuckerrohr erntefähig, wird die bis 6 m hohe Pflanze mit Stangen umgebrochen; auch die in der Erde befindlichen Teile sind wertvoll.

Die Heimat des Zuckerrohres ist wahrscheinlich Vorderindien. Es ist auch heute noch das Hauptanbaugebiet. Nach der Entdeckung der Neuen Welt wurde Westindien das zweite Hauptanbaugebiet; Kuba steht dort an Menge unerreicht da. In der Entwicklung der Zuckerrohrkultur und Zuckergewinnung befindet sich aber Java an der Spitze aller Länder.

Rübenzucker

Der Rohrzucker, der jahrhundertelang Alleinherrscher war, ist im 19. Jahrhundert nicht ohne Nebenbuhler geblieben. Zwei Chemiker, Markgraf und sein Schüler Achard, haben die europäische Rübenzuckerindustrie begründet. Zur Zeit der Kontinentalsperre hat Napoleon selbst den Anbau der Zuckerrübe in Frankreich gefördert.

Bananen

Da die Banane an Klima und Boden hohe Ansprüche stellt, kommen nur wenige tropische und subtropische Gebiete für den Anbau in Frage. Eine entscheidende Rolle spielt bei der leichtverderblichen Ware die Möglichkeit schnellen Versandes und überhaupt einer guten Absatzregelung. Die Kanarischen Inseln liefern nicht allzuviel. Weitaus größer ist die Ausfuhr aus dem Hauptgebiet des Bananenanbaus in Westindien. Für Deutschland kommen die westindischen Bananen über Bremen ins Land. Stärkere Verbraucher sind Frankreich und England, das viel aus Jamaika bezieht.

Tabak

Die Heimat des Tabaks ist das tropische Amerika. Bei seiner großen Anpassungsfähigkeit hat sich sein Anbau aber außerordentlich weit, fast bis an die Polargrenze entwickelt. Allerdings verlangt die Tabakpflanze einen sehr nährstoffreichen Boden.

Kräftige Arten gedeihen in Brasilien, und besonders wertvolle auf Kuba (Habana), Sumatra und in Kamerun. Der beste Zigarettentabak stammt aus den Mittelmeerländern (Balkan, Kleinasien). Die deutschen Tabakanbaugebiete vermögen nur einen Teil der deutschen Tabakindustrie zu versorgen.

Baumwolle

Baumwolle spielt in der Weltwirtschaft eine hervorragende Rolle. Sie verträgt keinen Frost und verlangt hohe Wärme und viel Regen während ihres Wachstums, dagegen völlige Trockenheit zur Zeit der Blüte, Reife und Ernte. Allerdings kann künstliche Bewässerung den Regen ersetzen, so daß die Anpflanzung von Baumwolle in regenarmen Gegenden und sogar in Wüstengebieten möglich ist. In der Alten Welt gibt es Pflanzungen in Nordwestindien, in Teilen Persiens, in den Oasen Turkestans, in Mesopotamien, Kilikien, Syrien und Ägypten.

Mais

Mais war einst die Hauptnahrung der Indianer. In die Alte Welt und auf andere überseeische Kulturflächen verpflanzt, hat er besonders als Futterpflanze große Bedeutung in der Weltwirtschaft gewonnen. Bei keiner anderen Getreideart sind die Hektarerträge so groß wie bei dieser. Seiner Herkunft entsprechend gedeiht er am besten unter der Einwirkung eines warmen Klimas und bedarf zur Reife der Trockenheit. Lockere, fruchtbare Böden, wie sie die Schwemmlandebenen darstellen, begünstigen seinen Anbau. In Europa ist der Mais daher in ganz Südeuropa bis nach Süddeutschland, Ungarn und Südrußland hinein heimisch geworden. Auch in Norddeutschland sind in den letzten Jahren neue Maissorten mit wachsendem Erfolg angebaut worden. Er dient, besonders in den Balkanländern, auch dem Menschen als Nahrung, während er in den Hauptanbaugebieten der Erde (den USA und Argentinien) vorwiegend als Futterpflanze für die Schweinemast verwertet und ausgeführt wird.

Kaffee

Der Kaffeebaum verlangt ein feuchtes Tropenklima. Er bevorzugt mittlere Höhen, wo bei genügendem Niederschlag mäßige Wärme herrscht. Große Bäume müssen ihn vor allzu starker Bestrahlung und auch gegen den Wind schützen. Die heutigen Hauptanbaugebiete liegen fern von seiner

Urheimat Abessinien. Bis zum 18. Jahrhundert hatte Arabien, wohin der Kaffee im Mittelalter gelangt war, das Ausfuhrmonopol. Dann rückte nach Brasilien an die erste Stelle Westindien, wo auch heute noch ein bedeutender Anbau stattfindet. Der brasilianische Kaffee ist zwar der meistgetrunkene, aber nicht der beste; der Edelkaffee kommt aus Mittelamerika und Java. Mengenmäßig sind in der Welterzeugung Kolumbien und Venezuela noch wichtige Erzeuger.

Kakao

Der empfindliche Kakaobaum, dessen Heimat eigentlich das tropische Amerika (Ekuador, Brasilien) ist, braucht große Feuchtigkeit und Wärme, dazu einen Schutz gegen zu starke Sonnenstrahlung und Wind. Seine Früchte enthalten die stark fetthaltigen Samen, die nach Abpressung der Kakaobutter das nahrhafte Kakaopulver liefern. Noch 1914 war Südamerika (Ekuador, Brasilien und Venezuela) durchaus führend in Ernte und Ausfuhr, seit 1919 aber steigt der prozentuale Anteil Westafrikas, wo heute Akkra der erste Kakaoausfuhrhafen der Erde geworden ist.

Weizen

Keine andere Getreideart reicht an die weltwirtschaftliche Bedeutung des Weizens heran, der als das eigentliche Weltgetreide angesprochen werden muß; denn ein Drittel der Gesamtgetreideernte der Welt mit Ausnahme von Reis und Mais und zwei Drittel des gesamten Getreidehandels der Welt entfallen allein auf Weizen. Außerdem kommen noch erhebliche Mengen von Weizenmehl in den Verkehr. Der Weizen braucht mehr Wärme und fruchtbarere Böden als die anderen Getreidearten. Wo die Niederschlagsmenge nicht ausreicht, haben Bewässerungsanlagen weite Gebiete dem Anbau erschlossen, so in Australien, Indien und auch in Kanada.

(Nach Fischer-Geistbeck, Die staatliche und wirtschaftliche Gestaltung der Erde, 1942, Band 7).

118. Verschiedenes

a) Dürrer Reis in Japan

Die japanischen Inseln werden gegenwärtig von einer großen Trockenperiode heimgesucht. Die japanische Regierung genehmigte Darlehen für die Reisbauern, da die für die Bewässerung erforderlichen Wasserreserven schwinden. Falls nicht bis Ende des Monats Regen fällt, werden die Wasserreserven erschöpft sein. Die Trockenheit begünstigte den Ausbruch zahlreicher Brände in Tokio und den Vororten, bei denen am Sonnabend eine Person getötet und 34 schwer verletzt wurden.

b) 14jähriger rettet den Balkan-Expreß

Der 14jährige Miroslav Krunic hat vielen Passagieren des Balkan-Expresses das Leben gerettet. In der Nähe der serbischen Stadt Kraljevo entdeckte er einen mächtigen Felsblock auf dem Bahndamm. Er lief dem Zug entgegen, und in letzter Sekunde gelang es ihm, den Expreß anzuhalten.

119. Der Panamakanal

Die Absicht, die Landenge von Panama zu durchstechen, ist fast so alt wie die Entdeckung des Gebietes. Die Ausführung scheiterte aber an technischen und politischen Schwierigkeiten, vor allem an der Eifersucht zwischen den USA und England. 1880 gründete der Erbauer des Suezkanals, F. v. Lesseps, eine französische Panamakanalgesellschaft, die aber bald ihre Zahlungen einstellte. Endlich entschloß sich die Union, den Kanal selbst zu bauen. Da die Republik Kolumbien das nötige Land nicht verpachten wollte, wurde ein Aufstand angezettelt, eine „selbständige" Republik Panama gegründet und von ihr ein 16 km breiter Landstreifen gekauft. 1906 begann der Kanalbau und wurde mit der ganzen amerikanischen Kühnheit und Umsicht durchgeführt. Zunächst wurde die Malariagefahr beseitigt, an der Lesseps in erster Linie gescheitert war. Große Schwierigkeiten machte der Durchstich der 80 m hohen Landschwelle, die aus lockeren vulkanischen Massen besteht. Durch Aufstauung des Chagres wurde ein großer See geschaffen. Da die beiden Meeresspiegel nicht gleich hoch liegen, war der Bau von sechs Doppelschleusen notwendig. 1915 wurde der Kanal eröffnet.

(Nach Fischer-Geistbeck, Die staatliche und wirtschaftliche Gestaltung der Erde, 1942)

120. Polizei und Gerichte

a) Warenhausdiebstahl

Teuer bezahlen mußte eine Frau ihren Leichtsinn:
Sie wollte sich in einem Kaufhaus in der Innenstadt ein Kostüm kaufen. Als sie es anprobierte, legte sie ihre Handtasche aus Krokodilleder auf die Seite. Wenig später war die Tasche verschwunden. Ein Unbekannter hatte sie gestohlen.

In der Handtasche befanden sich 500 Mark, eine goldene Armbanduhr, eine goldene Puderdose und Ohrringe sowie der Reisepaß der Besitzerin. Der Schaden beläuft sich auf rund 1500 Mark.

b) Lärm bei Nacht

In letzter Zeit nimmt das Hupen wieder sehr zu. Bei jeder Gelegenheit, besonders aber wenn es nicht schnell genug geht, wird völlig sinnlos auf die Hupe gedrückt. Besonders rücksichtslos ist das Hupen bei Nacht. Ein großer Teil unserer Kraftfahrer beweist täglich, daß es auch ohne Hupen geht.

c) Überfall in Essen

Am Montag wurde in Essen ein 66 Jahre alter Taxifahrer aus Oberhausen von zwei etwa 28- und 25jährigen Männern in seinem Wagen überfallen, mit einer Pistole bedroht und schwer verletzt. Er vermochte sich aber so zu wehren, daß die beiden Angreifer ohne Beute flüchten mußten. Dem Taxifahrer gelang es, mit seinem Wagen langsam bis zum nächsten Polizeirevier zu fahren.

121. Naturkatastrophen und Unfälle

a) Verschüttet

Verschüttet wurden bei Kanalisierungsarbeiten in Rodenkirchen bei Köln drei Arbeiter. Einer war sofort tot, die beiden anderen sind schwer verletzt. Die Wände eines sechs Meter tiefen Grabens stürzten ein. Die Arbeiter wurden unter den Erdmassen begraben.

b) Gasexplosion

Eine schwere Gasexplosion verwandelte vier Geschäftshäuser in der kleinen Ortschaft Villa Rica im amerikanischen Staat Georgia in Ruinen. Bisher wurden 11 Tote aus den Trümmern geborgen, mehr als 30 Personen sind schwer verletzt. Eine undichte Gasleitung wird als Ursache des Unglücks genannt.

c) Eisenbahnunfall

Am Sonntagvormittag überfuhr auf der Strecke Venedig—Padua ein Triebwagen auf einem Bahnübergang einen Personenwagen, dessen drei Insassen auf der Stelle getötet wurden. Die Schranken des Bahnübergangs waren nicht vorschriftsmäßig geschlossen. Der Schrankenwärter flüchtete.

d) *Ein Schiff gesunken*

Ein Sturm hat am Sonntag vor der Südwestküste Norwegens zwei Schiffsunfälle verursacht:

Der 1991 Tonnen große britische Frachter „Narva" geriet in den frühen Morgenstunden in Seenot und sank. Von den 38 Besatzungsmitgliedern fehlt bisher noch jede Spur.

Der norwegische Passagierdampfer „Leda", der als erstes Schiff an der Unglücksstelle eintraf, verlor das sinkende Schiff in der Dunkelheit nach kurzer Zeit wieder aus den Augen.

Wenige Stunden zuvor kam der 865 Tonnen große britische Frachter „Bosworth" in der gleichen Gegend mit Maschinenschaden in Schwierigkeiten und mußte von der 14köpfigen Besatzung aufgegeben werden. Die Mannschaft des Schiffes wurde von einem anderen britischen Dampfer an Bord genommen.

e) *Schweres Flugzeugunglück im Pazifik*

Ein Flugzeug der amerikanischen Marine ist in der Nacht zum Dienstag nordöstlich Hawaii mit 24 Offizieren und Mannschaften an Bord in den Pazifik gestürzt. Nach langer Suche gelang es den sofort alarmierten Schiffen der Küstenwacht und der Marine, zwei Tote und vier Überlebende zu bergen. Die Suche nach weiteren Überlebenden und Opfern der Katastrophe geht weiter, obwohl sich das Wetter verschlechtert hat. Das Flugzeug, eine Superconstellation, war auf einem normalen Übungsflug. Es meldete sich zuletzt 160 Kilometer nordöstlich von Oahu und wurde von Radargeräten ´in 40 Kilometer Entfernung aufgefaßt. Plötzlich verschwand die Maschine jedoch von den Bildschirmen der Geräte. In Honolulu wurde kein Notruf der Maschine gehört, doch meldete ein Flugplatz in Kalifornien, daß man dort einen Notruf aufgefangen habe.

122. Zigaretten für den Kriegsgott

Amerikanische Archäologen fanden bei Ausgrabungen in Arizona Tausende von halbverkohlten kurzen Schilfröhrchen in den Schreinen indianischer Höhlenwohnungen.

Es hat sich bestätigt, daß bei den Indianerstämmen im Südwesten der USA das Zigarettenrauchen ein Bestandteil der religiösen Zeremonie war; Zigaretten wurden dort als Gaben für die Götter benutzt.

Die Röhrchen waren etwa so lang und dick wie die beiden ersten Glieder des Zeigefingers. Um ihre Mitte wurde ein aus Baumwoll- oder Agavenfasern gesponnener kleiner Gürtel gebunden, dessen Enden ausgefranst waren. Wenn Krieg ausbrach, so rauchte jeder Krieger des Stammes eine solche „Zigarette", wobei er den Rauch in alle Himmelsrichtungen und auf alle Waffen und Geräte blies, die im Kampf benutzt werden sollten. Anschließend wurden die gerauchten Röhrchen als Gaben für den Kriegsgott in einem ihm gewidmeten Schrein verwahrt.

(Aus „Blauer Dunst", Nr. 2/1958)

123. Manager brauchen mehr Urlaub

Bei „Managern" — Menschen in verantwortlicher, die Gesundheit belastender Stellung —, die älter als 50 Jahre sind, reicht ein einmaliger vierwöchiger Urlaub nicht für das ganze Jahr aus. Dieser Ansicht ist der Direktor der Medizinischen Universitätsklinik Innsbruck, Professor Hittmair, der sich seit langem mit der „Wissenschaft vom Urlaub" befaßt. Auf Grund seiner Untersuchungen stellte Hittmair die Regel auf, daß von einem Erholungsurlaub überhaupt erst gesprochen werden dürfe, wenn sich der Urlaub über vier zusammenhängende Wochen erstrecke. Die Umgewöhnung am Urlaubsort trete zum Beispiel bei Norddeutschen, die ins Gebirge führen, erst in der dritten oder vierten Urlaubswoche ein. Hittmair ist der Meinung, daß mit fortschreitender Automatisierung eine bis zwei zusätzliche Wochen zur Festigung der Erholung erforderlich sein werden.

124. Deutschland im Jahre 1945

Im Frühjahr 1945 erlebte das deutsche Volk mit dem Ende des zweiten Weltkrieges einen völligen Zusammenbruch.

Es gab keine deutsche Regierung mehr, die Regierungsgewalt wurde von vier Besatzungsmächten ausgeübt. Das deutsche Volk war erschöpft, seine Armee hatte fast drei Millionen Tote und die Zivilbevölkerung in der Heimat über 500 000 Todesopfer zu beklagen. Millionen deutscher Männer waren Kriegsgefangene, viele von ihnen sind vermißt.

Millionen Menschen deutscher Abstammung wurden aus ihrer Heimat in Ostdeutschland oder in den östlichen Ländern vertrieben. Haus und Besitz mußten sie zurücklassen und verloren damit ihre Lebensgrundlage. Allein 2,7 Millionen Menschen gingen dabei zugrunde. Die Überlebenden strömten nach Westdeutschland herein und vermehrten das hier herrschende Elend. Unsere Vorstellung reicht kaum aus, um das seelische Leid und die unbeschreibliche Verarmung zu erfassen, die sich hinter diesen Zahlen verbergen.

Fast alle großen Städte Deutschlands waren zerstört, die Wirtschaft und Industrie zusammengebrochen, Eisenbahnlinien, Brücken und zahllose Fabriken vernichtet, Gas und Strom funktionierten kaum. Rund sechs Millionen Wohnungen fehlten, die Menschen wurden in den nicht zerstörten Häusern und in Lagern zusammengedrängt. Lebensmittel, Kleidung, Wäsche und Schuhe waren rationiert, Holz und Kohle waren ebenfalls knapp, und — das Geld hatte seinen Wert verloren.

Das alles war die Folge der Politik einer verbrecherischen Regierung, die es verstanden hatte, das deutsche Volk zu verblenden und der Vernichtung preiszugeben.

Deutschland wurde von den alliierten Armeen besetzt und in vier Zonen aufgeteilt.

(Allgemeinsprachliche Abschlußprüfung, Sprachen- und Dolmetscher-Institut München, Herbst 1956)

125. Jugend und Berufswahl

Bei der Arbeit der Berufsberatungsstellen hat es sich gezeigt: Die heutige Jugend ist trotz Krieg und Kriegsfolgen und der sich daraus ergebenden Symptome, die immer wieder in der Öffentlichkeit kritisiert werden, besser als ihr Ruf. Sie paßt sich den Realitäten des Lebens viel schneller an als viele Erwachsene und ist bereit, die Erwachsenen zu achten, wenn sie Vorbild sein können, vor allem auf schulischem und beruflichem Gebiet. Zusammenballungen von Berufswünschen hat es immer gegeben und bis in die jüngste Zeit hinein in unterschiedlicher Stärke nicht nur für die kaufmännischen und Industrieberufe, sondern auch für die handwerklichen Berufe. Das Handwerk gibt allen Begabungen Raum und spricht die gesamte Persönlichkeit an. Vielfach werden diese Begabungen, die zur Entfaltung drängen, von äußeren Einwirkungen überdeckt, weil bei der Berufswahl das „ich will" oft nichts anderes ist als das „du sollst" der Eltern.

126. Napoleon war kein Asket

Napoleon Bonaparte, der große Franzosenkaiser, liebte, wie die Geschichte berichtet, ein gutes Essen über alles. Er führte stets seinen Leibkoch mit sich. Unmittelbar nach dem glänzenden Sieg Napoleons in der Schlacht bei Marengo fehlten aber dem Leibkoch seiner Majestät alle klassischen Zutaten für ein saftiges Beefsteak, das Napoleon über alles schätzte. Vor allem mangelte es an dem nötigen Fett, um das Fleisch schwimmend herauszubraten. Als Napoleon nun immer ärgerlicher nach seinem Essen verlangte, da entschloß sich der Koch, allen zur damaligen Zeit geltenden Kochregeln zum Trotz das Beefsteak so, wie es ihm gebracht worden war, nur mit den allernötigsten Gewürzen ohne Fett in die heiße, trockene Pfanne zu legen. Er hoffte dabei, daß das Fleischstück durch häufiges Umwenden in der Pfanne nicht anbrennen würde. Und siehe da: der Versuch gelang vorzüglich. Das Beefsteak schmeckte beinahe noch saftiger, als wenn es im Fett herausgebraten worden wäre. „Beefsteak à la Marengo" ist seither als besonderer Leckerbissen bekannt geworden.

127. Die Weltwirtschaftskrise von 1929

Noch nie war die Menschheit von einer so tiefdringenden und allgemeinen Erschütterung heimgesucht worden wie 1929. Das Verständnis für die weitverzweigten Zusammenhänge der Katastrophe ist darum sehr schwer. Zu ihren Ursachen gehörten sowohl die Überspekulation der letzten Jahre und das mutwillige Emporsteigern vieler Schutzzolltarife als auch die außerordentlich starken Markt-, Produktions- und Verbrauchsschwankungen der hochkapitalistischen Nachkriegswirtschaft. Dies alles wurde jedoch in erheblichem Maße mitbedingt durch den Wirrwarr der vernunftwidrig geregelten Reparationen und Kriegsschulden.

Wie eine Springflut raste die Krise um den Erdball. Kurzfristige Kredite wurden gekündigt. Zahllose Firmen entließen Angestellte und Arbeiter. Der Getreideexport schrumpfte um die Hälfte. Die industrielle Weltproduktion sank auf achtunddreißig Prozent des Standes vom Juni 1929. Zur gleichen Zeit zählte man dreißig Millionen Arbeitslose. Tief verstört blickten die Menschen auf den Staat, erwarteten von ihm Unterstützung und rettende Maßnahmen. Bald gab es kein Gemeinwesen mehr, das sich diesem Verlangen entziehen konnte. Währungs- und Devisenkontrollen wurden geschaffen, Ein- und Ausfuhren geregelt. Selbst reiche Länder wie Amerika und das britische Commonwealth erfaßte dergestalt die Tendenz zum autoritären System. Sämtliche Staaten machten Strukturwandlungen durch. Viele von ihnen, die nicht schon seit Jahren eine straffere Gesellschaftsordnung bevorzugten, fühlten sich jetzt bewogen, dem wirtschaftlichen Individualismus ein Ende zu setzen.

Deutschland, das mehr als andere Staaten an den Folgen des Krieges litt, wurde durch die Weltwirtschaftskrise besonders hart getroffen. Die ihm dank der Stresemannschen Entspannungspolitik reichlich zugeflossenen Auslandskredite schwanden dahin. Sämtliche deutsche Banken mußten zeitweilig ihre Schalter schließen. Bald stellte das Reich mit dreißig Prozent seiner

erwerbstätigen Bevölkerung den sechsten Teil aller Arbeitslosen in der Welt.
(Kleine Geschichte Europas im 20. Jahrhundert, H. G. Dahms)

128. Die Clubs der alten Leute in England

Es gibt nichts Liebenswerteres an England als die Ehrfurcht und die Liebe
vor alten Menschen, sagte kürzlich ein deutscher Professor, der sich viele
Monate in London aufgehalten hatte. Dort wird die seelische und geistige
Fürsorge für alte Leute vom Staat unterstützt, aber nicht gelenkt. So entstanden seit 1948 mehr als 2000 Alte-Leute-Clubs, die z. T. über nicht un-
beträchtliche Vermögen und eigene Clubhäuser verfügen. Die Clubs bieten
ihren Mitgliedern einen gepflegten, ruhigen Aufenthalt, geben Mittagessen,
Tee und kleine Imbisse aus.

129. Ein Drittel der Menschen hungert

Wir, die wir satt und zufrieden in einem Land leben, in dem das tägliche
Brot und die sozialen Sicherungen eine Selbstverständlichkeit sind, neigen
leicht dazu, solche Schilderungen für Übertreibungen zu halten. Daß eine
Überschwemmung in Indien, eine Dürre in Südafrika, politische Wirren in
Indonesien oder Erdbeben in Chile gelegentlich Hunger, Seuche und Elend
über einige hunderttausend Menschen bringen, glauben wir wohl. Aber daß
ein Drittel aller Erdbewohner — das sind annähernd 1000 Millionen Menschen — nicht ausreichend ernährt ist und ständig im Hunger lebt — das
möchten wir bezweifeln. Die Zahl klingt zu phantastisch.

Und doch ist es eine Tatsache. Die Erhebungen der Vereinten Nationen
und die Berichte aus den Elendsgebieten der Welt sprechen eine harte und
deutliche Sprache. In Kolumbien beträgt nach diesen Angaben die durchschnittliche Kalorienmenge pro Kopf und Tag nur wenig über 2000, in Paki-
stan 2010, auf den Philippinen 1980 und in Indien gar nur etwas über 1800.
Als das Minimum, unter dem jedes Leben nur noch ein Dahinvegetieren im
Mangel bedeutet, geben Wissenschaftler 2200 Kalorien an. Bei uns stehen
durchschnittlich 3000 Kalorien pro Tag zur Verfügung.

B. Literarische, historische und ähnliche Texte

130. Temperament im Norden und im Süden

Oft schon ist die weitverbreitete Vorstellung vom feurigen Temperament der Südländer und der kühlen Zurückhaltung nördlicher Völker durch gewisse Ereignisse Lügen gestraft worden. Herzlicher Überschwang und Ausbrüche von Begeisterung kommen auch in England vor, dem klassischen Land ruhiger Stellungnahme und stoischen Benehmens. Das läßt sich, wie die meisten Phänomene im Bereich der menschlichen Merkwürdigkeit, ziemlich einfach erklären: Während der dünnhäutige Südländer seine Gefühle sofort und ununterbrochen abreagiert, sie sozusagen als kleine Münze täglich ausgibt und dadurch temperamentvoll wirkt, staut sich unter der dickeren Haut des Nordländers, der die unkontrollierte Reaktion fürchtet und mißbilligt, zuweilen ein Übermaß von gefühlsmäßiger Teilnahme an, das sich schließlich Bahn bricht und dann um so elementarer in Erscheinung tritt.

(SZ, Streiflicht v. 11. 3. 58, Auszug)

131. Eine Berliner Wohnung in der Vorkriegszeit

Herr Krause bewohnte mit seiner Familie eine Wohnung im fünften Stock eines Hinterhauses in der Kurfürstenstraße. Die Treppen waren eng und steil. Man vergaß jedoch diesen Nachteil, wenn man die hundertfünf Stufen erklettert hatte. Hier oben fiel durch die Fenster das Licht des hellen, offenen Himmels. Der Blick schweifte über ein wahres Meer von Baumkronen bis hinüber zum Brandenburger Tor, bis zu den Kuppeln des Doms und des Schlosses. Das schönste an der Wohnung aber war die freie Terrasse, ein kleiner Dachgarten, der den ganzen Tag über Sonne hatte. Frau Krause stammte aus einem ehemals ziemlich reichen Hause. Nach dem Tode ihrer Eltern war ihr aber nichts verblieben außer den elterlichen Möbeln. Diese rührten aus einer Zeit her, in der es noch keine Massenherstellung gab. Mit diesen Erbstücken hatte Frau Krause sich ein Heim aufgebaut, das an Behaglichkeit kaum zu übertreffen war. Schien die Sonne auf die gelbrot gestreifte Markise des Dachgartens, dann füllte eine leuchtende Wärme die dahinter gelegenen Stuben.

(Nach A. Schenzinger; Französisches Abitur 1959)

132. Jugend und Politik

Die Jugend von heute würde ihrer Bestimmung nicht gerecht, wollte sie bloß literarisch erfassen, was der Welt gehört. Sie muß mit Weltpolitik, Weltwirtschaft, Weltsoziologie vertraut werden.

Ich glaube unerschütterlich an den Aufbauwillen der Jugend in allen Ländern, und dieser Aufbauwille enthält in sich die kategorische Pflicht, am öffentlichen Leben der eigenen Nation wie an dem aller anderen regsten aktiven Anteil zu nehmen. Einerseits muß Weltfremdheit als abgetaner Begriff gelten, andererseits ist Abseitsstehen vom politischen Leben des eigenen Landes nichts anderes als völlige Verkennung eines der entscheidendsten Gebote der Stunde.

Mit der Auffassung muß nach meiner Ansicht tabula rasa gemacht werden, daß Politik eine nutzlose und vielleicht sogar erniedrigende Beschäftigung sei, gerade gut genug für ein paar Leute, die nichts Besseres zu tun haben, oder für solche, die es in ihrem Berufe zu nichts bringen konnten und deshalb zu politischer Betätigung als letztem Mittel griffen.

Als einen schweren Fehler betrachte ich es, wenn sich Stimmberechtigte am politischen Leben nicht beteiligen. Durch Wahlen wird die Entscheidung über das politische Geschick eines Landes, eines Staates, eines Bundes getroffen. Sobald sich Wähler nicht an die Urnen begeben, verlieren sie das Recht, Klagen anzustimmen, daß es eine Minderheit sei, die ihre Anschauungen im Parlament durchsetze. Da diese Minderheit rechtmäßig gewählt wurde, hat sie allein das Recht zu beschließen, was ihr gut scheint. Wer nicht zur Politik kommt, läuft Gefahr, daß die Politik zu ihm kommt, daß die Politik ihm ihren Willen aufzwängt, die Nichtpolitischen mit sich fortreißt und gar nicht selten in Katastrophen hineinzerrt, über die niemand das Recht hat, sich zu beschweren, weil diese durch die Passivität herbeigeführt wurden, deren sich die Unpolitischen oder die Nichtwähler schuldig machten.

(Übersetzungsaufgabe, „Die Fremdsprache", Nr. 5/1951 von Dr. Fritz Paepcke, nach François Poncet)

133. Die menschliche Verantwortung des Naturwissenschaftlers

Die Naturwissenschaft ist die zentrale Wissenschaft unserer Zeit. Leider hat die neuzeitliche Naturwissenschaft die Zusammengehörigkeit von Erkenntnis über die Natur und Reifung der menschlichen Seele vergessen und hat eine Macht rein physikalischer Art in unsere Hand gelegt, der unsere seelische Reife nicht gewachsen ist.

Wenn wir dem Naturwissenschaftler sagen, wie wichtig er ist, so müssen wir ihm eben darum auch sagen, welche Verantwortung er trägt. Solange unserem Stand der Naturwissenschaftler und Techniker die Rücksicht darauf, was für Wirkungen unsere Apparaturen im menschlichen Leben anrichten, nicht ebenso selbstverständlich geworden ist wie die Sorgfalt im Experimentieren, so lange sind wir zum Leben im technischen Zeitalter nicht reif.

Ich denke hier nicht nur an die großen politischen Entscheidungen. Wer mit dem Auto schneller fährt, als er bei den bekannten Eigenschaften dieses Apparates verantworten kann, verhält sich untechnisch.

Die große Schwierigkeit, in der sich der Naturwissenschaftler und Techniker, der auf die Folgen seines Handelns aufmerksam ist, praktisch befindet, liegt darin, daß es für ihn als Einzelperson meist schwer ist, an diesen Folgen etwas zu ändern. Er lebt in einer wirtschaftlichen, gesellschaftlichen, politischen Ordnung, die ihn als Spezialisten verwendet und weder nach seiner sittlichen Entscheidung noch nach seiner Weisheit fragt. Trotzdem ist ihm die Verantwortung nicht abgenommen.

(École Centrale des Arts et Manufactures, Frankreich, Prüfung 1960)

134. Gerhart Hauptmann

Als im Frühling 1945 sowjetische Soldaten, gefolgt von polnischen Truppen, Schlesien besetzten, soll, so wird berichtet, eine kleine Gruppe von Soldaten auch in das Haus eingedrungen sein, in dem der Dichter Gerhart Hauptmann schwerkrank darniederlag und auf seinen Tod wartete. Die Männer hätten sich den Eingang in sein Arbeitszimmer erzwungen, aber als sie den majestätischen Greis auf einem Sofa ruhend erblickten, seien sie tief beeindruckt und ganz still geworden. Gerhart Hauptmann aber habe sie, bevor sie davongingen, beglückwünscht, weil sie noch jung seien und das Leben vor sich hätten.

Das war die einzige Störung, die der alte Dichter in dieser wirren Zeit erleben mußte. Die polnische Verwaltung stellte sein Haus unter Schutz, was seine Wirkung tat. So geschah in dieser zerrütteten Zeit das Außerordentliche, daß ein Mensch um seiner selbst und um seines Werkes willen von einem unerbittlichen Feind verschont und geschützt wurde, daß ein Dichter, von allen geehrt, jenseits der Parteien stand. Als Gerhart Hauptmann am 6. Juni 1946 starb, war er bereits in die Geschichte eingetreten.

135. Am Wasser

Es war sehr still. Kaum hörte man das Geräusch der über die Brücke fahrenden Wagen, auch das Klappern der Mühle war hier nur noch ganz schwach vernehmbar. Nur das stetige, milde Rauschen des Wehres klang ruhig, kühl und schläfernd herab und an den Pfählen der leise Laut des ziehenden Wassers.

Griechisch und Latein, Grammatik, Stilistik und Rechnen und der ganze Trubel eines langen, ruhelosen Jahres sanken still in der schläfernd warmen

Stunde unter. Hans hatte ein wenig Kopfweh, aber nicht so stark wie sonst, und nun konnte er ja wieder am Wasser sitzen, sah den Schaum am Wehr zerstäuben, blinzelte nach der Angelschnur, und neben ihm schwammen in der Kanne die gefangenen Fische. Das war so köstlich. Zwischendurch fiel ihm plötzlich ein, daß er das Examen bestanden habe und Zweiter geworden sei, da klatschte er mit den nackten Füßen ins Wasser, streckte beide Arme aus und fing an, eine Melodie zu pfeifen.

(École Supérieure du Commerce de Paris, Prüfungen 1960)

136. Goya

José de Goya, Sohn aragonesischer Bauern, geriet schon in jugendlichem Alter mit der Inquisition in Konflikt und mußte in Madrid Unterschlupf suchen. Er besuchte dort die Akademie der Künste, aber ein Unfall hätte beinahe seinem Leben ein frühzeitiges Ende bereitet. Man fand ihn eines Abends mit einem Messer zwischen den Schultern auf der Straße liegen. Kaum gesundet, ging er auf Reisen, durchquerte mit einer Truppe von Toreros Spanien auf dem Weg nach Rom. Dort führte er ein so wildes Leben, daß er nur mit Mühe den Sbirren des Papstes entgehen konnte. Aber der bekannte Lebemann und Schürzenjäger war auch Ehemann. In vierzigjähriger Ehe schenkte ihm seine Frau, Josefa de Bayeu, einundzwanzig Kinder, von denen nur eins ihn überlebte.

In seiner Jugend hat Goya kaum etwas von Bedeutung geschaffen. Erst mit einigen Entwürfen für die Königliche Gobelinmanufaktur lenkte er die Aufmerksamkeit auf sich. Die liebenswerte Heiterkeit der Szenen aus dem spanischen Leben ist seltsam erfrischend. Volkstümliche Saftigkeit und aristokratische Eleganz sind hier zu einem Ganzen verschmolzen. Aber bald machen sich Zeichen einer dumpfen, noch fernen Unruhe bemerkbar. Im Zusammensein mit den raffinierten und kultivierten Aristokraten, Staatsmännern und Intellektuellen entwickelt sich sein bäuerlicher Geist. Aber erst nach Abschluß seines vierzigsten Lebensjahres beginnt die brutale, fast wunderbare Verwandlung seiner Persönlichkeit.

Wenige Jahre nach seiner Ernennung zum Maler des Königs verliert er durch lange Krankheit das Gehör. Das hindert ihn nicht, sich bald darauf mit der Herzogin von Alba, einer der schönsten und begehrenswertesten Frauen ihrer Zeit, auf ihre Besitzungen in Andalusien zurückzuziehen. Es muß sich bei dieser Beziehung um eine wilde, tragische Leidenschaft gehandelt haben, in der die Eifersucht die quälende Unruhe, die die Taubheit in ihm ausgelöst hatte, noch vertiefte. Mit Ungeheuern angefüllte Angstträume bedrängen ihn, deren er sich bis an sein Lebensende nicht mehr erwehren kann. Sein durch Leid geschärftes Auge nimmt alles Tragische wahr, was sich vor seinen Augen abgespielt hat: Überfälle von Banditen, erwürgte Frauen, Schiffbrüchige, die Schrecken des Krieges und der Hungersnot, die Barbarei der Inquisition, grauenhafte Todesarten und Verbrechen, alle menschlichen Verkrampfungen finden in seinem Werk ihren Platz, in den Caprichos und in den Schrecken des Krieges, einem neben den seltenen Gemälden in der Stille entstandenen Werk, das ein Zeitalter brandmarkt, in dem die bestehenden Mächte schamlos ihre Macht nutzen, die Etikette verlogen, die Gerichtsbarkeit lasterhaft und die Frauen frivol geworden sind.

(Aus dem Vorwort von Dr. Brigitte Lohmeyer zu „Spanische Meister", Gemälde, Emil Vollmer-Verlag, Wiesbaden 1952)

137. Völker des Altertums

a) Die Inder

In dem Hochland des schneebedeckten Himalaja wohnten in uralter Zeit die Arier, ein wohlgestaltetes und begabtes Volk. Ein Teil von ihnen zweigte ab und wanderte um 2000 v. Chr. nach Süden. Sie besetzten das Gebiet des Indus, wo sie die Ureinwohner verdrängten, und hießen seitdem Inder. Vom 14. Jahrhundert an rückten sie auch in die Länder des Ganges vor.

Die geistige Begabung der alten Inder zeigt sich vor allem in der hohen Ausbildung ihrer Sprache, des Sanskrit. In dieser Sprache sind ihre heiligen Schriften, die Vedas, und das Gesetzbuch des Manu sowie ihre großen Heldenlieder und Spruchdichtungen verfaßt. Sehr früh schon beschäftigten sie sich mit Heilkunde, Astronomie und Mathematik. Auch die Baukunst blieb ihnen nicht fremd.

Der Handel führte die Inder wenig nach auswärts. Bei dem Reichtum ihres Landes begnügten sie sich, fremde Händler, der Hauptsache nach Phönizier und Araber, vielleicht auch Chinesen, bei sich zu erwarten. Eine Küstenschifffahrt von Indien zum Persischen Golf und an dem Südrande Arabiens hin hat schon sehr früh stattgefunden. Einige Stellen der Vedas enthalten Vorschriften über Handel und Verkehr.

b) Die Phönizier

Phönizien, ein schmales Küstenland, lag zwischen Libanon und Mittelmeer und reichte im Süden nahe an den Karmel. Es war von den Phöniziern schon besetzt, als die Juden in das Gelobte Land einwanderten. Das kleine Stück Erde, das bei unfruchtbarem Boden nur spärlichen Ertrag lieferte, genügte durchaus nicht, das Volk zu ernähren.

Um so mächtiger lockte im Westen die offene See. Ein Menschenschlag von lebhafter und beweglicher Art, fanden die Phönizier auf den Wellen des ewig bewegten Meeres ihr eigentliches Element. Dazu gaben ihnen die Zedern des Libanon ein hartes, ganz ausgezeichnetes Schiffsbauholz. Zunächst trieben sie Fischfang, und der Name ihrer ersten Ansiedelung Sidon (1800 v. Chr. urkundlich erwähnt), der Fischerort bedeutet, bezeichnet den Entwicklungsgang des ganzen Volkes.

Während in Ägypten und Babylon der Ackerbau noch an erster Stelle stand und Gewerbe und Handel erst in zweiter Linie gewürdigt wurden, sind die Phönizier das älteste Volk, welches in Industrie und Handel seine Hauptaufgabe sah. Geschickt wußten sie die hochentwickelten Kulturen am Nil und Euphrat auszunützen, zu erweitern, zu verbessern. Sie waren aber, Schiffsbau und Purpurfärberei ausgenommen, keine Erfinder.

In der phönizischen Industrie steht unerreicht die Herstellung des Purpurs da.

c) Die Griechen

Auch an den alten Griechen wiederholt sich, daß die Natur eines Landes von mächtigem Einflusse auf die Entwicklung und das Leben seiner Bewohner ist. Ein kleines Stück Erde, fast rings vom Meere umspült, hat Griechenland, im Altertum Hellas genannt, eine sehr reich gegliederte Küste. Große und kleine Buchten schneiden überall tief ins Land und bilden, durch vorspringende Berge geschirmt, sehr geschickte Hafenplätze. Dies lud die Hellenen früh ein, sich nach der Küste zu wenden, dort Städte zu bauen und von diesen aus das Meer zu befahren. Und heute noch sind Schiffahrt und Handel ihre Lieblingsbeschäftigungen. Besonders belebte sich das östliche Gestade mit Seestädten. Sie unterhielten einen schwunghaften Handel nach Ost und West, vor allem mit Kleinasien, wobei die blühenden Inseln des Ägäischen Meeres als bequeme Stationen dienten. Der Mittelpunkt des griechischen Archipels war das kleine Delos mit seiner günstigen Reede. Hier wurde Apollo verehrt, was lebhafte Verbindungen zum Festlande wie zu den anderen Inseln gewährleistete.

d) Die Römer

Die Küsten Italiens sind weder so mannigfaltig gegliedert noch haben sie eine so reiche Inselwelt um sich wie Griechenland. Daher fühlten sich seine Bewohner in der alten Zeit mehr auf die Beschäftigung zu Lande als zur See hingewiesen. Sie bauten Getreide, pflanzten Reben und Ölbäume und züchteten Rinder und Schafe, die in den Tälern des Apennin treffliche Weiden fanden.

Als Zwischenglied der pyrenäischen und der Balkanhalbinsel, im Norden mit Mitteleuropa verwachsen, nach Süden weit hineingestreckt ins Meer, durch die Westspitze Siziliens sich der Küste Afrikas nähernd, hat Italien eine weltbeherrschende Lage; es erscheint als das eigentliche Verbindungsland für die Völker am Mittelmeer. In der Tat erhob sich von diesem Lande aus durch die Kraft der Römer ein gewaltiges Weltreich, welches allmählich alle Küstenländer des Mittelländischen Meeres umfaßte.

Anfangs dachten die Römer von Handel und Gewerbe gering. Das höchste Lob auch eines vornehmen Mannes war, ein guter Landwirt zu sein.

Zuerst Bauern, wurden die Römer mehr und mehr ein Soldatenvolk, das zahlreiche wohlhabende Länder und Völker unterwarf. In Rom trachtete man, Reichtum nicht durch Handel, sondern mit dem Schwerte zu erwerben. „Die Provinzen schienen nur dazu vorhanden, Roms Einwohner zu nähren, zu kleiden, zu putzen und zu vergnügen."

Die einzige bedeutendere Industriestadt, namentlich in Metallwaren, war Puteoli (jetzt Pozzuoli am Golf von Neapel), das deshalb auch die größte Handelsstadt war und blieb.

(Aus Georg Waibel, Lehrbuch der Handelsgeschichte, Verlag Oldenbourg, München 1929)

138. Napoleon vor Moskau

Auf dem Gipfel des Hügels angekommen, entdeckte die Armee plötzlich unter sich in geringer Entfernung Moskau, die Stadt, die in Wirklichkeit all das bot, was die orientalischen Märchen von den Wundern Asiens erzählen.

Bei diesem Anblick riefen die Soldaten alle gleichzeitig aus: „Moskau! Moskau!" Diejenigen, die am Fuße des Hügels zurückgeblieben waren, liefen eilig herbei; für einen Augenblick waren alle Reihen in Unordnung, denn jedermann wollte die große russische Hauptstadt betrachten. Man konnte sich nicht satt sehen an diesem blendenden Schauspiel, das so viele verschiedenartige Gefühle erweckte!

Napoleon kam gleichfalls herbei und konnte sich, hingerissen von dem, was er sah — er, der nacheinander Kairo, Memphis, den Jordan, Mailand, Wien, Berlin, Madrid besucht hatte — einer tiefen Erregung nicht erwehren. Angekommen auf diesem Gipfel seiner Größe, von dem aus er mit so raschem Schritte dem Abgrund entgegenging, empfand er eine Art Trunkenheit. Seines Ruhmes sicher, glaubte er noch an seinen Stern. Dieser Augenblick der Befriedigung, lebhaft und kurz, war einer der bedeutendsten seines Lebens. Es sollte der letzte sein!

139. Der Mensch

Nach dem neuesten Stand der prähistorischen Forschungen nimmt man an, daß das Alter des Menschengeschlechts auf etwa höchstens zwei Millionen Jahre zu schätzen ist. Dagegen ist das Alter des tierischen Lebens mindestens mit 600 Millionen Jahren, wahrscheinlich aber mit sehr viel mehr anzusetzen. Als ältester Vertreter der bisher aufgefundenen Menschentypen gilt der Sinanthropus, der 1929 von dem Forscher Black bei Peking gefunden wurde. Sein Alter wird auf $^1/_2$ Million Jahre veranschlagt. Sicher hat dieser älteste Vertreter des Menschengeschlechts sich schon bestimmter Werkzeuge aus Stein bedient. Der 1891 in Java entdeckte Pithekanthropus ist vielleicht ein Zwischenglied zwischen Menschenaffe und Mensch. Der altbekannte Neandertalmensch aus dem Neandertal bei Düsseldorf und mehrere andere sind wesentlich jünger und gehören etwa der Eiszeit an. Sie stehen dem lebenden Menschen schon sehr viel näher als die zuerst genannten. Der Neandertaler hat sicher über eine Art Kultur verfügt. Die Frage, ob der Mensch nur an einer Stelle der Erde oder gleichzeitig an mehreren aufgetreten sei, ist noch nicht geklärt. Die wichtigsten Charakteristika des Menschen gegenüber dem hochstehenden Affen sind der aufrechte Gang und die erhebliche Entwicklung des Großhirns, welch letztere als Voraussetzung für die spätere geistige Entwicklung des Menschen anzusprechen ist. Wirkliche Intelligenz eignet nur dem Menschen, wenn man auch leicht geneigt ist, schon beim Menschenaffen gewisse Anzeichen von Intelligenz anzunehmen. Erst mit der Höherentwicklung der Intelligenz dürfte die Sprache entstanden sein. Über deren Entstehung gibt es verschiedene Theorien, deren einleuchtendste die Annahme ist, sie habe sich ursprünglich bei gemeinsamen Unternehmungen gebildet. Viel später als die Sprache ist die Schrift entstanden. Zwischen dem Ursprung von Sprache und Schrift dürften Zeichnungen liegen, wie sie etwa in den Wandmalereien spanischer Höhlen erhalten sind. Diesen spricht man ein Alter von rund dreißigtausend Jahren zu. In seiner Urzeit war der Mensch Jäger und Nomade. Stämme und Völker in unserem Sinn haben sich wahrscheinlich viel später entwickelt. Als ältestes Kulturvolk gelten die Sumerer, die etwa am Ende des 4. Jahrtausends v. Chr. im heutigen Mesopotamien aufgetreten sind; ungefähr mit ihnen gleichzeitig lebten in den Nilländern die Ägypter.

(Aus der DAK-Zeitschrift „Der Betriebshelfer im Dienste")

140. Ein junger Mensch richtet seine Wohnung ein

Augustin prüfte die Lage. Der vordere Raum mit seinen zwei Fenstern würde eine schöne Werkstatt geben, der hintere wurde zum Schlafzimmer ernannt. Was brauchte man zu einer Einrichtung? Dabei fiel ihm eine solche Menge von Gegenständen ein, daß er ein wohlhabender Mann hätte sein müssen, um alles zu kaufen, was er wünschte. Er mußte das Gegenteil tun, um zu einem vernünftigen Ergebnis zu kommen: Was konnte man für fünfundzwanzig Gulden kaufen?

Eine Viertelstunde später kaufte er sich folgende Dinge: ein Bett, einen Tisch, eine Kommode, eine Waschschüssel, einen Leuchter. Dafür gab er achtzehn Gulden aus. Am Nachmittag verschaffte ihm der Händler eine sehr alte, aber durchaus brauchbare Hobelbank um drei Gulden.

Augustin steckte die Hände in die Hosentaschen und wanderte glückselig in seinem neuen Reiche hin und her, zufrieden bis in den letzten Winkel seines Herzens.

(Nach H. W. Geißler; Französisches Abitur 1959)

141. Die Kunst der Renaissancezeit

Vor der Renaissance in der Kunst begann in Italien die Renaissance als literarische Bewegung, die von Petrarca und Boccaccio eingeleitet wurde. Die Renaissance als neue Kunstrichtung ging zuerst von Florenz aus. Hier errichtete Brunelleschi, einer der bedeutenden Baumeister des 15. Jahrhunderts, über dem Chor des Domes zu Florenz die großartige Kuppel, deren Idee er vom Pantheon in Rom übernommen hatte, und bald baute er Kirchen, die keine Spitzbögen mehr aufwiesen, sondern flache Decken hatten wie die Basiliken der Frühzeit. Dann wandten die Florentiner Architekten auch auf die Fassaden ihrer Paläste die antiken Stilarten an.

Aber nicht nur die Baukunst kam damals in Florenz zu größerer Blüte, sondern auch die Bildhauerei. Der florentinische Genius ist in erster Linie bildhauerisch veranlagt. Ghiberti, Jacopo della Quercia, Donatello, Pollajuolo und Verrocchio haben unvergleichliche Meisterwerke hinterlassen. Verrocchio hat in Venedig das berühmte Reiterstandbild des Condottiere Colleoni geschaffen.

Bald gab es neben der Baukunst und der Bildhauerei auch eine Malerei, die die neue Kunstrichtung vertrat.

War Florenz im 15. Jahrhundert der Mittelpunkt der Renaissancekunst gewesen, so nahm nun zu Beginn des 16. Jahrhunderts Rom wieder seine alte Stellung als Hauptstadt zurück. Unter den Päpsten Julius II. und Leo X.

kamen die größten Künstler aus ganz Italien nach Rom, um dort Meisterwerke der Baukunst, der Bildhauerei und der Malerei zu schaffen. Bramante aus Urbino begann den Bau der Peterskirche, der größten Kirche der Welt, deren Kuppel von Michelangelo fertiggebaut wurde.

Bald griff die neue Kunstrichtung auch auf andere Länder über, nach Deutschland, wo Augsburg und Nürnberg nach wie vor wichtige Zentren des künstlerischen Schaffens waren. Auch in Frankreich setzte sich bald der neue Stil durch, und an die Stelle der mittelalterlichen Burgen, die durch die Entwicklung der Kriegskunst überflüssig geworden waren, traten die Schlösser der Renaissance, die am zahlreichsten im Tal der Loire zu finden sind. Die französischen Könige ließen italienische Künstler an ihren Hof kommen. Unter Nachahmung der italienischen Malerei bildete sich damals in Frankreich die sog. Schule von Fontainebleau heraus, bei der übrigens die Flamen zahlreicher vertreten waren als die Franzosen.

142. Queen Viktoria

Viktoria wurde am 25. Mai 1819 geboren. Sie war das einzige Kind des Herzogs von Kent und der Prinzessin Luise Viktoria von Sachsen-Coburg. Da ihr Onkel, Wilhelm IV., kinderlos blieb, bestieg sie nach dem Tod ihres Vaters den britischen Thron. Ihre Mutter, eine scharfzüngige, strenge Dame, huldigte liberalen Ideen und sympathisierte mit den Whigs. Neben der Mutter bemühten sich die Herzogin von Northumberland und die „liebe Lehzen" um die Erziehung der Prinzessin.

Am 28. Juli 1838 wurde die 19jährige zur Königin gekrönt. Lord Melbourne, der Grandseigneur mit Vergangenheit, leistete einem kleinen, puritanischen Mädchen den Eid, lehrte Viktoria englisches Staatsrecht, britische Geschichte und Regierungspraxis, wie er diese Dinge vom Standpunkt der Whigs aus sah. Dabei entspann sich zwischen Richmond-Park und dem Schloß Windsor eine bezaubernde Jungmädchenschwärmerei, die der große Staatsmann und Frauenkenner, von Viktoria für den besten, besorgtesten und feinfühligsten Mann der Welt gehalten, mit väterlicher Neigung beantwortete. Melbourne rührte Viktorias kindliche Erscheinung — sie war besonders klein —, ihre frische Jugend, der man unvermittelt ein Weltreich aufgebürdet hatte.

Unter den vielen Bewerbern entschied sich Viktoria für den Prinzen Albert von Sachsen-Coburg, der sie als treuer Paladin und liebender Gatte durch ein glückliches Leben begleiten sollte. Ihm gebar sie fünf Mädchen und vier Knaben. Nach seinem Tod beweinte ihn Viktoria mit einer an Haltlosigkeit grenzenden Trauer.

Viktoria war intelligent, wendig, optimistisch, sprühend, spritzig, charmant, bestens informiert, beredt, ihr Geist flackert, ihre Anschauungen schwanken. Der häufige Kurswechsel der Ansichten wird in Viktorias Politik deutlich. Ihre Regierung begann mit einem Whigministerium. Als aber Sir Robert Peel, der Lord Melbourne stürzte, zur Bedingung machte, die Königin müsse die ersten Hofstellen mit Tories besetzen, willigte die Herrscherin ohne Widerstand ein. Hatte Melbourne sie whigfreundlich gemacht, sympathisierte sie unter dem Einfluß ihres Gatten mit den Deutschen, was ein Eingreifen im deutsch-dänischen Krieg von 1864 verhinderte. Nach dem Tod Alberts schwenkte die Königin zu den Grundsätzen der Konservativen Partei und des von ihr zum Lord Beaconsfield ernannten Disraeli hinüber, der sie auch dazu anstiftete, seine russenfeindliche Orientpolitik zu unterstützen. Auf Wunsch der Königin schlug Disraeli 1876 ein Gesetz vor, das Viktoria den Titel „Empress of India" zuerkennen sollte.

Viktoria regierte von 1837 bis 1901; sie erreichte eine gewaltige Ausbreitung des englischen Kolonialreiches.

143. Wien als Fürstensitz

Die Geschichte Wiens erhält ein merkbares Gepräge dadurch, daß die Stadt während der Zeit der Babenberger und der Jahrhunderte habsburgischer Herrschaft immer ein bevorzugter Fürstensitz war. Die Ursache liegt in der geographischen Lage der Stadt an der Reichsgrenze und als Schlüsselpunkt der Großräume: der Alpengegenden, der böhmischen Länder und Ungarns. Die dynastischen Interessen und die der Bürgerschaft waren häufig nicht identisch, und es kam wiederholt zu Kämpfen zwischen Herrschern und Volk, die meist mit der Unterdrückung der Freiheitsbestrebungen endeten. Dabei ist es eigenartig, daß viele aus der Geschichte anderer Städte bekannte arge Härten auf beiden Seiten in Wien kaum auftreten — die Gegenreformation etwa ist in Wien nicht annähernd so grausam wie andernorts. Es ist schwer zu sagen, womit das zusammenhängt; vielleicht spielt da der Umstand eine Rolle, daß Herrscher und Volk sich einander schicksalsverbunden in nationalen Gefahren fühlten — etwa in der Türkennot. Jedenfalls haben die dynastischen Fesseln die Entfaltung der Eigenart der Bevölkerung nur wenig behindert, gibt es doch nicht viele Großstadtbevölkerungen von so klar geprägtem Wesen, wie es gerade den Wienern eigen ist.

144. Jeanne d'Arc

Karl VI., König von Frankreich und der schlimmste seiner Gegner, Heinrich V. von England, waren in demselben Jahre, 1422 nach Chr. G., gestorben. Kurze Zeit später wäre Frankreich verloren gewesen, wenn es nicht durch Jeanne d'Arc gerettet worden wäre. Diesem einfachen Hirtenmädchen gelang es, die Engländer in mehreren blutigen Schlachten zu schlagen und seinen Herrn, Karl VII., nach Reims zu führen, wo er zum König gesalbt wurde. Infolge eines schändlichen Verrats fiel aber die Heldin in die Hände der Burgunder, die sie den Engländern auslieferten. Diese rächten sich feige, indem sie Johanna zwangen, vor einem Gerichtshof zu erscheinen. Mit erstaunlichem Mut und bewunderungswürdigem Stolz antwortete Johanna auf alle schwierigen Fragen, durch die man sie in Verlegenheit zu setzen suchte. Man fragte sie zum Beispiel: „Haßt Gott die Engländer?" — „Von der Liebe oder dem Hasse, welche der Herr gegen unsere Feinde hegt", erwiderte die Jungfrau, ohne zu zaudern, „weiß ich nichts; aber ich bin sicher, daß sie bald aus unserem Lande verschwinden werden mit Ausnahme derer, die darin den Tod finden werden."

Am 30. Mai 1431 fand in Rouen eines der abscheulichsten Verbrechen statt, die man je begangen hat. Auf dem Scheiterhaufen verbrannte man das Opfer eines blinden Hasses, obgleich selbst viele Engländer überzeugt waren, eine Heilige hingemordet zu haben.

(Bayerische Reifeprüfung 1919)

145. Exil — eine Begleiterscheinung
der südamerikanischen Politik

Die Karriere eines lateinamerikanischen Politikers hat seit alters eine unangenehme Begleiterscheinung, die er von vornherein in seine Berufspläne einkalkulieren muß: das Exil. Die Praxis, bei jedem Regierungswechsel — ob legal, ob gewaltsam — die Staatsverwaltung völlig zu „reformieren" — das heißt, vom Staatspräsidenten bis zum letzten Postgehilfen alles an die Luft zu setzen, was sich von der Futterkrippe der bis dahin herrschenden Partei genährt hatte — läßt dem Prominenten bei wenigen toleranten Ausnahmen nur eine Alternative: entweder freiwillig ins Ausland zu gehen oder verbannt zu werden. So entsteht eine ständige Bewegung hin- und herwandernder Politiker, die zahlenmäßig zwar relativ gering ist, weil die Politik in Lateinamerika noch Angelegenheit kleiner Zirkel ist, die nichtsdestoweniger aber das Merkmal der Regelmäßigkeit aufweist. Und die Politiker im Exil haben nur den Trost, daß sie diese Unterbrechung oder —

schlimmstenfalls — Beendigung ihres Wirkens nicht sonderlich überrascht und daß es ihren größeren Vorfahren seit 140 Jahren nicht um ein Haar besser gegangen ist.

146. Der Bruch des französisch-russischen Bündnisses

In Tilsit hatten Napoleon und Alexander versucht, einander zu hintergehen. Jeder wollte den anderen für seine eigenen Zwecke benützen. Napoleon hoffte, daß Rußland ihm helfen werde, Deutschland niederzuhalten und England zu besiegen. Alexander rechnete darauf, sein neuer Freund werde ihn Rußland auf Kosten Schwedens und der Türkei vergrößern lassen. Um aber England zu besiegen, mußte Rußland die Kontinentalsperre streng durchführen, das heißt einwilligen, durch den Abbruch aller Beziehungen mit England dessen Handel zu untergraben. Andererseits ließ Napoleon wohl zu, daß der Zar einige schwedische und türkische Provinzen nehme, aber er wollte ihn nicht die Hand auf Konstantinopel legen lassen. So war keiner der beiden Herrscher völlig aufrichtig. Alexander wollte überdies Napoleon zu dem Versprechen veranlassen, das ehemalige Polen, dessen größten Teil er in Besitz hatte, nie wiederherzustellen. Der Kaiser seinerseits lehnte es ab, sich auf diesen Punkt festzulegen, um seinen Verbündeten durch die beständige Drohung mit dieser Wiederherstellung in seiner Gewalt zu haben.

Unter diesen Umständen konnte das Bündnis nicht dauerhaft sein. Schon 1810 wurde die Verstimmung offenbar. Der Zar verweigerte Napoleon die Hand einer seiner Verwandten, worauf dieser Marie Louise heiratete und beschloß, sich von nun an auf Österreich zu stützen. Schließlich weigerte sich Alexander, die Kontinentalsperre aufrechtzuerhalten, die seine Staaten zugrunde richtete. Aber noch hätte der Krieg vermieden werden können. Napoleon wollte ihn aber und ging so seinem Schicksal entgegen.

147. Orient und Okzident

Die Beziehungen zwischen Orient und Okzident sind uralt und mannigfacher Art. Schon im alten Griechenland sind orientalische Einflüsse spürbar. Nach dem Zuge Alexanders des Großen ins Morgenland wurden orientalische Einflüsse auf Philosophie, Kunst und Religion immer stärker. Die durch Alexander bis zum Indus verbreitete europäische Gesittung hat sich jahrhundertelang in einer Mischkultur gehalten, die wir Hellenismus nennen. Das spätantike Weltbild baut sich in hohem Maße auf Astrologie, Philosophie und religiösen Anschauungen des Orients auf. Aus dem Morgenland kommt auch das Christentum. Die Römer, die weite Gebiete des vorderen Orients beherrschten, machten das ganze Mittelmeer zu einem „europäischen See". Schon vor der Ausbreitung des Christentums führte ein alter Handelsweg vom Orient über Südrußland nach Europa. Ob nun die östlichen und westlichen Völker in friedlichem Austausch und Verkehr gestanden haben oder in kriegerischem Zusammenstoß gegeneinanderprallten, immer bedeuteten derartige Berührungen Wendepunkte in der Entwicklung der menschlichen Kultur. Den letzten Höhepunkt in den Aktionen von West nach Ost und in den Reaktionen von Ost nach West bildet eine neue Macht, die in Arabien entstanden war und mit der das christliche Europa während des ganzen Mittelalters zu rechnen hatte: der Islam. Im Jahre 632 war der Prophet Mohammed gestorben. Schon dreißig Jahre nach seinem Tode erstreckte sich das Reich seiner Nachfolger, der Kalifen, vom Oxus bis nach Nordafrika. Und als die arabische Völkerwanderung zu Beginn des 8. Jahrhunderts zum Stillstand gekommen war, standen die Länder vom Himalaja bis zu den Pyrenäen, vom Schwarzen Meer bis zum Golf von Aden unter islamischer Herrschaft.

148. Die Stadt Barcelona

Die Stadt Barcelona, deren Gründung schon im frühen Altertum erfolgte, war römische Kolonie im 1. Jahrh. v. Chr. und hat seitdem trotz sozialer, wirtschaftlicher und politischer Krisen einen ununterbrochenen Aufschwung erfahren. Heute zählt Barcelona anderthalb Millionen Einwohner.

Im Mittelalter war Barcelona Sitz der Grafen von Barcelona und zeitweise ihrer Nachfolger, der Könige von Aragonien. Die Stadt erhielt aber erst im Jahre 1249 zufolge besonderer, von Jaime el Conquistador zugestandener Vergünstigungen eine Gemeindeverfassung. Fünf Räte planten und erarbeiteten diese Verfassung, die danach von der Vollversammlung der Hundert behandelt und beschlossen wurde. Die Räte bildeten eine Oligarchie, der nur wenige Familien mit stark lokaler Prägung angehörten. Erst im XIV. Jahrh. gelang es auch den Handwerkern, und zwar nicht ohne Gewaltanwendung, diese Ämter zu bekleiden.

Die ursprüngliche Gemeindeverwaltung, nach dem Beispiel der italienischen Republiken jener Zeit entworfen, wurde bis zum XVIII. Jahrhundert aufrechterhalten; der Verfall des Systems begann aber schon im XVI. Jahrh. und erreichte seinen Höhepunkt im XVII. Jahrh., als die Stadtregierung mehr Wert auf den äußeren Glanz ihrer Stadtverwalter legte, als daß sie sich um das Wohl der Stadt kümmerte, die von inneren und äußeren Kämpfen zerrüttet wurde. Heute ist Barcelona neben Madrid, der offiziellen Hauptstadt Spaniens, die Hauptstadt der Industrie und des Handels.

149. Cipriana, ein modernes Märchen

Um das Jahr 1500 brachen zwei Männer aus Estremadura auf, um die Welt zu erobern. Der eine war Hernán Cortés, der Mexiko eroberte, der andere Francisco Pizarro, der das Reich der Inkas entdeckte.

1957 — mehr als 400 Jahre später — kam aus derselben einsamen Landschaft nahe der Grenze Portugals ein beinahe ebenso mutiges und abenteuerliches kleines Mädchen und — eroberte die Herzen Spaniens. Ein Märchen aus unseren Tagen wurde Wirklichkeit.

Knapp drei Jahre alt war Cipriana, das erste Kind eines Feldhüters aus Estremadura, als ihre Mutter starb. Immer war Schmalhans Küchenmeister gewesen in der armseligen Hütte der Eltern. Deshalb nahm der Vater ein Jahr darauf auch eine zweite Frau ins Haus, die bei der Feldarbeit mithelfen sollte. Wie das in allen Märchen so ist, war die neue Mutter eine böse und hartherzige Frau, die der kleinen Cipri das Leben zur Hölle machte. Nie besaß das Mädchen mehr als den Fetzen, den es gerade trug, und weil man ihre Arbeitskraft brauchte, durfte sie auch nur ein Jahr in die Dorfschule gehen. Als Cipri in das Alter kam, in dem kleine Mädchen ihre erste Puppe besitzen, mußte sie schon längst als Dienstmagd arbeiten.

Die Arbeit war so hart, daß das Aschenbrödel plötzlich sehr krank wurde. Nie hätte sie sich die teure Medizin kaufen können, die der Doktor verschrieb. Das sah auch der Dorfbürgermeister ein und lieh ihr deshalb Geld. Anstatt nun aber die vielen Peseten in die Apotheke von Badajoz zu tragen, packte Cipri ihren winzigen Besitz in einen Holzkoffer, kaufte sich eine Fahrkarte und — fuhr nach Madrid. Ein reicher Amerikaner, der gerade ein Dienstmädchen suchte, nahm das halbverhungerte kleine Mädchen auf, das da plötzlich an seine Tür klopfte.

Damit begann die große Wende in ihrem Leben.

In jeder freien Minute saß Cipriana in der großen Bibliothek ihres Arbeitgebers. Nicht nur um die Bücher abzustauben, sondern um — ohne Lehrer — lesen und schreiben zu lernen. Der Wissensdrang des kleinen Landmädchens war so groß, daß sie sich kaum noch Zeit zum Schlafen nahm. Dies wiederum mißfiel der Mutter des Hausherrn, und deshalb mußte sie eines Tages erneut ihr Bündel schnüren. Die einzige freie Stelle, die weit und breit zu finden war, blieb die einer Kassiererin in einem großen Café.

Aller Mut aber verließ Cipriana, als man ihr eröffnete, daß sie 10 000 Peseten Kaution stellen müsse, um den Posten zu bekommen. „Es war einfach eine innere Stimme", sagt Cipri, wenn man sie heute danach fragt, warum sie sich dennoch vorstellte. Und tatsächlich geschah wieder ein Wunder! Der Geschäftsführer engagierte sie — ohne Sicherheiten zu verlangen.

Für das wissensdurstige Mädchen begann die schönste Zeit ihres Lebens. Jeden Abend, wenn sie ihre Kasse übergeben hatte, besuchte sie Vorträge und Abendkurse und lernte beinahe fließend Englisch und Französisch.

Ihr einstiger Dienstherr aber, jener Amerikaner, den sie verlassen mußte, spürte Gewissensbisse. Immer wieder erkundigte er sich heimlich nach dem weiteren Werdegang seines früheren Schützlings. Und dann setzte er sich eines Tages hin und schrieb an die „Gesellschaft der Freunde Bernard Shaws" in London, die alljährlich in aller Welt nach einem Aschenbrödel sucht, das ihre Förderung verdient. Cipriana hat Glück. Sie wird gewählt, bekommt eine goldene Medaille und darf jetzt drei Jahre lang für 1000 englische Pfund studieren, was ihr Spaß macht.

Der Ruhm aber ist der 19jährigen nicht zu Kopf gestiegen. Kaum hörte sie, daß ihr früherer Arbeitgeber wieder mal keine Hilfe für seine beiden Kinder hatte, da erschien sie auch schon an ihrem alten Arbeitsplatz, band die Schürze um und erklärte: „Ich bleibe solange, bis Sie jemand gefunden haben!"

150. Österreichische, deutsche und Schweizer Erinnerungen in Paris

Ein Denkmal Gutenbergs von David d'Angers erhebt sich im Hof der Imprimerie Nationale, rue de la Convention.

Nördlich des Panthéon, in der rue Valette Nr. 21, befinden sich noch Reste des 1391 errichteten Collège Fortet, wo Calvin seine Studien betrieb.

Anna von Österreich, die Mutter Ludwigs XIV., bewohnte als Königinwitwe mit ihren zwei minderjährigen Söhnen, Ludwig XIV. und Philipp von Orléans, das Palais Royal, das ursprünglich für den Kardinal Richelieu errichtet worden war. Sie ließ es durch Mansard ausbauen. Hier lebte auch nach ihrer Heirat mit Philipp von Orléans die Prinzessin Elisabeth Charlotte, „Liselotte von der Pfalz".

Bei seinem Eintreffen in Paris im Jahre 1742 logierte Rousseau im Hôtel Saint-Quentin in der rue des Cordiers, die heute durch den Erweiterungsbau der Sorbonne verschwunden ist. Späterhin wohnte er in der rue Verdelet, die in die rue Platrière mündete, und im vierten Stock des Hôtels du Languedoc, rue Grenelle-St.-Honoré. Als eifriger Schachspieler besuchte er das altberühmte Café de la Régence (Place du Théâtre Français), wo auch Diderot, Voltaire, Robespierre, Napoleon und Musset sich ihrer Leidenschaft für das königliche Spiel hingegeben haben. 1771 erschien Rousseau dort in armenischem Gewand mit Pelzmütze und erregte solches Aufsehen, daß die Polizei einschreiten mußte. Wenige Jahre nach dem Philosophen traf übrigens auch ein einfacher Reisender hier ein, der incognito in Paris weilende Kaiser Joseph II., der das schlichte Hôtel de Tréville in der rue de Tournon einem Aufenthalt am Hof vorgezogen hatte.

Im Hôtel de Beauvais (rue François-Miron Nr. 68), das im Jahre 1655 errichtet wurde, stieg 1763 ein neunjähriger Künstler mit seiner Familie ab: der Knabe hieß Wolfgang Mozart. Bei seinem zweiten Pariser Aufenthalt wohnte er mit seiner Mutter in der „Auberge des Quatre-fils-Aymon" in der rue du Gros-Chenet (heute: rue du Sentier), wo seine Mutter am 20. Juli 1778 starb.

Die Erinnerungen an Marie-Antoinette, eine Tochter Maria-Theresias und Kaiser Franz' I., sind zahlreich. Als Gattin Ludwigs XVI. wurde sie 1793 in der Conciergerie gefangen gehalten. Hingerichtet wurde die Königin auf dem Place de la Concorde, der im 18. Jahrhundert noch außerhalb der Stadt lag. Sie wurde auf dem Madeleinefriedhof beigesetzt, doch 1817 in die Kathedrale von Saint-Denis, den Begräbnisort der französischen Könige, überführt, wo ihr Sarg in der Krypta ruht.

Der in Meißen geborene Arzt Samuel Hahnemann, der weltbekannte Begründer der Homöopathie, der in seinem Alter in Paris praktizierte, wurde 1843 auf dem Friedhof Père Lachaise beigesetzt. Sein Grab sowie das von Ludwig Börne, beide an dem sogenannten Chemin du Dragon gelegen, schmücken Bronzebüsten des Bildhauers David d'Angers. Auch die Gräfin d'Agoult, die Freundin Liszts und Mutter von Cosima Wagner, ruht auf dem Père-Lachaise-Friedhof.

Heine hat viele Jahre hindurch in der rue d'Amsterdam Nr. 50 und Faubourg Poissonnière Nr. 46 gelebt. Sein Sterbehaus befindet sich Av. Matignon Nr. 3; er ist auf dem Montmartrefriedhof begraben, wo auch Stendhal, Zola, Dumas und Berlioz ruhen.

In einem winkligen Gäßchen des Hallenviertels, in der rue de la Tonnellerie Nr. 33, fand im Jahre 1839 Wagner ein vorläufiges Unterkommen in einem Hotel, über dessen Eingang eine Büste Molières angebracht war: es handelte sich um das Geburtshaus des großen Dramatikers. Heute ist das Gäßchen abgerissen; doch zeigt eine Gedenktafel an einem Haus der Rue du Pont-Neuf Nr. 31 die Stelle an, wo Molières Geburtshaus stand. Als sich die Geschicke des jungen Meisters günstiger gestalteten, zog er in eine freundlichere Wohnung in der rue du Helder Nr. 25. Der „Fliegende Holländer" wurde in Meudon verfaßt. Bei einem erneuten Aufenthalt in Paris wohnte Wagner u. a. rue Matignon Nr. 4 und im 2. Stock eines düsteren Hauses in der rue d'Aumale Nr. 3.

Als Nachfolger des Grafen Pourtalès bezog Bismarck im Jahre 1862 die preußische Gesandschaft, rue de Lille Nr. 78, ein schönes Gebäude, das Eugène de Beauharnais, Vizekönig von Italien, von 1803-14 bewohnt hatte. Nach 1871 diente es als deutsches Botschaftspalais.

Nach einem ersten Aufenthalt bei Rodin (1905/06) in der „Villa des Brillants" in Meudon lebte Rilke 1908-1911 bei dem französischen Bildhauer im Hôtel Biron, 77, rue de Varenne. Dieses heute in ein Rodin-Museum umgewandelte Palais ist eine der bedeutendsten Schöpfungen des Architekten Gabriel (1728-30 erbaut). Später wohnte Rilke rue Campagne Première Nr. 17 und im Hotel Foyot, rue Tournon Nr. 33 (heute abgerissen). Stefan George seinerseits bezog bei seinem einzigen, aber für seine Entwicklung entscheidenden Aufenthalt in Paris 1889 eine kleine Pension in der rue de l'Abbé-del'Epée, nahe beim Bd. Saint-Michel, von wo er die berühmten Dienstagabende bei Mallarmé in der rue de Roma besuchte, denen auch Verlaine beiwohnte.

151. Was der Deutsche liest

Ein Institut in Frankfurt (Main) zur Erforschung der öffentlichen Meinung hat festgestellt, daß allgemein bei dem Erwerb von Büchern das Bestreben vorherrscht, sich zu orientieren und weiterzubilden. Trotzdem nimmt die Unterhaltungsliteratur im Bücherschrank des Durchschnittslesers wohl den größten Raum ein. Bereits an zweiter Stelle folgen jedoch Werke über alle möglichen Wissensgebiete, außerdem praktische Ratgeber und Lexika, Reisebücher, Klassikerausgaben und Lebensbeschreibungen. Die moderne Dichtung nimmt den neunten Platz ein. Erst dann, an zehnter Stelle, kommt der Kriminal- und Abenteuerroman zu seinem Recht. Ältere Leute, so hat das Frankfurter Institut weiter ermittelt, bevorzugen Biographien und Klassiker, die mittleren Jahrgänge moderne Dichtung, während die Kriminal- und Abenteuerliteratur überwiegend von der jungen Generation gelesen wird. In mittleren und kleineren Städten nimmt man überdies gern Reisebücher zur Hand.

152. Der Absolutismus

Unter Absolutismus versteht man die Regierungsform, bei der die Gewalt der Monarchen nicht verfassungsmäßig beschränkt ist, also die unumschränkte Fürstenmacht. Das Zeitalter des Absolutismus war insbesondere das 17. und 18. Jahrhundert.

Begünstigt wurde er durch die im Volk allgemein verbreitete Ansicht, der Fürst sei von Gott gewollt (von Gottes Gnaden), und durch die Lehre der Juristen, die den Regenten die absolute Gewalt der Kaiser im alten Rom zuerkannten. In Deutschland hat auch die Kirchenspaltung die landesherrliche Macht gefördert; denn nach allgemein anerkanntem Grundsatz hatte der Landesherr die Religion seiner Untertanen zu bestimmen, so daß sowohl das alte wie das neue Bekenntnis sich an den Herrscher um Schutz wenden mußten.

Die meisten absoluten Fürsten gab es in Deutschland; denn der Friede zu Münster und Osnabrück (1648) hatte den weltlichen und geistlichen Fürsten die Landeshoheit gebracht. Die deutsche Kaiserwürde war nur noch ein Schatten der alten Herrlichkeit, der Kaiser ein „mit gewissen Ehrenrechten ausgestatteter Landesfürst unter Landesfürsten". Es wurden zwar Reichstage gehalten; aber in der Regel „ging Landesrecht vor Reichsrecht". Jeder Landesfürst war jetzt gewissermaßen „selbst Kaiser in seinem Lande".

Das ganze europäische Festland huldigte dem Absolutismus. Nicht so England, wo es schon seit 1215 neben der Macht des Königs eine Volksvertretung (Parlament) gab, die eifersüchtig über ihre Rechte wachte. Als König Karl I. eigenmächtig Steuern erheben und alle Engländer der anglikanischen Staatskirche eingliedern wollte, erhoben sich unter Oliver Cromwell die Bürger und Bauern. Karl I. wurde 1649 enthauptet. Cromwell war 9 Jahre Diktator in England. Als die Stuarts später wieder Neigung zu selbstherrlicher Regierung zeigten, wurden sie durch die „glorreiche Revolution" 1688 endgültig vertrieben. Nach der englischen Verfassung von 1689 oblag dem König nur die Ausführung der Gesetze. Diese Verfassung wurde Muster und Vorbild für die Völker der Welt.

Der Absolutismus hat sich ohne Zweifel um Handel und Industrie große Verdienste erworben.

Der französische König Ludwig XIV., der „Sonnenkönig" (1663—1715), war das große Vorbild aller Selbstherrscher seiner und der späteren Zeit. Ein bedeutender absoluter Monarch war Friedrich II. von Preußen (1740—1786), der Große, der folgende Grundsätze aufstellte: „Nicht um der Fürsten willen sind die Völker, sondern jene um dieser willen da. Die Könige sind die ersten Diener des Staates und sind von jeder Verwendung ihrer Zeit und Kraft Rechenschaft schuldig. Kein Vergnügen kann den Regenten so glücklich machen wie das Bewußtsein, seine Pflicht erfüllt zu haben; wer sein Glück in etwas anderem sucht, ist unwert, auf der Stelle des Oberhauptes eines Volkes zu sein."

(Nach Georg Waibel, „Lehrbuch der Handelsgeschichte", Verlag Oldenbourg, München 1929)

153. Papst Pius XII. zur Mode

Der Höhepunkt einer internationalen Modekonferenz war eine Audienz von 150 Personen, die irgendwie mit der Modebranche verbunden sind, bei Papst Pius XII. in Castel Gandolfo, der die Gelegenheit wahrnahm, den Modeschöpfern auf das eingehendste die Grundprinzipien der christlich ausgerichteten Mode zu erläutern: „Das menschliche Gewand muß drei Gesetzen gehorchen, dem der Hygiene, der Schamhaftigkeit und dem Dekorum. Dabei liegt das Hauptgewicht auf der Schamhaftigkeit, der Wurzel der Bescheidenheit und Dezenz, die Hüter der moralischen Tugend sind und Schutz und Schild vor zügelloser Sinnlichkeit." Der Jugend stehe das Recht zu, ein Kleid zu tragen, das den Glanz des Lebensfrühlings unterstreiche und das „in Harmonie mit den Gesetzen der Dezenz die psychologischen Vorbedingungen herbeiführt, die für die Schaffung neuer Familien notwendig sind", während dem reiferen Alter das Gewand anstehe, das Würde, Ernsthaftigkeit und heitere Gelassenheit ausstrahle.

„Die Mode", so führte Pius XII. weiter aus, „ist nicht nur ein Formproblem, sondern ein Zusammentreffen der verschiedensten psychologischen und sittlichen Faktoren wie des Geschmacks am Schönen, des Durstes nach Neuem, der Bestätigung der Persönlichkeit, der Abscheu vor der Monotonie, ebenso sehr aber auch der gefährlichen Elemente des Luxus, des Ehrgeizes und der Eitelkeit." Charakteristisch für die heutige Zeit seien der rasche Wandel und die „Demokratisierung" der Mode. Aufgabe sei es, den äußeren Schmuck der Person mit einem ausgeglichenen Inneren in Harmonie zu bringen. „Die Kirche verdammt oder verachtet die Mode keineswegs, sofern sie das rechte Dekorum und Ornament des Körpers bleibt. Sie warnt jedoch vor der leichtfertigen Verkleidung. Nie darf die Mode Aufforderung zur Sünde sein!" Ebenso kritisierte der Heilige Vater auf das schärfste die Auswüchse der Hoffart und des Luxus, die beängstigende Klassenschranken aufzurichten vermögen: „Unterschätzt den Einfluß der Mode — im Guten wie im Bösen — nicht! Die Mode muß beherrscht werden, anstatt daß man ihrer Launenhaftigkeit sklavisch diene. Sie sollte das rechte Maß respektieren, kurzum gemäßigt sein auf der ganzen Linie."

154. Der Besuch des Teufels

Im Oktober 1831 kam ein kleiner, eleganter Herr in ein Haus in Paris in der Nähe der Magdalenen-Kirche und mietete eine kleine Wohnung. Er zahlte sofort die Miete für drei Monate und gab außerdem dem Portier ein gutes Trinkgeld. Er sagte: „Ich werde in meiner Wohnung mehrere Stunden täglich arbeiten. Ich erwarte einen Besucher. Es ist ein großer Herr mit einer rauhen Stimme."

Der Portier antwortete: „Was soll ich tun, wenn ich ihn nicht erkenne?"

Darauf sagte der neue Mieter: „Er wird Ihnen sagen: ‚Ich will mit dem Teufel sprechen.'"

Nach diesem Gespräch hatten die beiden Portiersleute ein unangenehmes Gefühl, und sie wollten den Teufel beobachten.

Am nächsten Tag kam der neue Mieter mit einer großen Kiste, die schwarz angestrichen war und wie ein Sarg aussah. Zwei Stunden später kam der Herr und sagte, er wolle mit dem Teufel sprechen. Der Portier und seine Frau horchten an der Tür der kleinen Wohnung, um herauszufinden, was nun dort geschähe. Sie hörten einen merkwürdigen Dialog:

„Haben Sie den Mut, ein richtiger Teufel zu sein!"

„So werden Sie nie der Teufel sein können!" Ferner: „Der Teufel ist schöner, als Sie denken."

Voller Schrecken ging der Portier zur Polizei und meldete die eigenartige Szene, deren unfreiwilliger Zeuge er geworden war. Als der Polizeikommissar die Herren fragte, wer sie seien, erhielt er die Antwort: Der Komponist Meyerbeer und der erste Bassist der Pariser Oper, die lediglich die Rolle des Bertram aus der Oper „Robert der Teufel" probten.

„Im Hotel konnten wir wegen der übrigen Gäste nicht proben; so haben wir uns diese kleine Wohnung gemietet."

Als kleine Entschädigung für die Angst, die sie ausgestanden hatten, erhielten der Portier und seine Frau zwei Freikarten zur Premiere der Oper am 15. Dezember 1831.

155. Das Deutsche Museum

Das Deutsche Museum in München, das im Jahre 1903 gegründet wurde und durch seinen Schöpfer Oskar von Miller bald zu Weltruhm gelangte, wurde im zweiten Weltkrieg durch Bomben schwer beschädigt. Große Gebäudeteile, und was noch schmerzlicher war, einmalige Modelle und Erstkonstruktionen von Apparaten und Maschinen waren völlig zerstört. Ein Verlust, der nicht nur die deutsche Wissenschaft und Technik traf, sondern auch von namhaften Fachleuten aus aller Welt beklagt wurde. Denn dieses große deutsche Bildungsinstitut auf dem Gebiet der Technik und der Naturwissenschaften hatte und hat bisher nicht seinesgleichen in der Welt gefunden.

Oskar von Miller war es gelungen, unter Mithilfe der deutschen Industrie, der Wissenschaft und des Staates ein Museum zu errichten, das eigentlich alles andere als ein übliches Museum ist. Anstatt tote Gegenstände aneinander zu reihen und sie mit entsprechenden Texten zu beschriften, ist der Initiator des Deutschen Museums den Weg gegangen, die großen Gebiete der Naturwissenschaften und Technik durch bewegte Modelle und systematische Ordnung so aufzugliedern, daß der Besucher von den ersten Anfängen und primitiven Erfindungen durch die Jahrhunderte bis zum neuesten technischen Erzeugnis geführt wird. Ihm werden die Grundgesetze der Physik durch einfache, mit der Hand zu betätigende Apparate begreiflich gemacht. In Dioramen, in figürlichen Darstellungen, durch die Errichtung ganzer Werkstätten oder eines Bergbaubetriebes werden technische Vorgänge erläutert, und die Gewinnung und Verarbeitung wichtiger Rohstoffe von den Anfängen bis zur Jetztzeit wird aufgezeigt. So kann man beispielsweise die Bändigung des Feuers vom primitivsten Feuerzeug aus Stein und Holz bis zur hochentwickelten Dampfturbine oder die Herstellung von Geweben von der Pfahlbauzeit bis zum modernen Webstuhl gewissermaßen in lebenden Bildern verfolgen.

Das Museum ist damit zu einem lebendigen Bilderbuch und zugleich zu einem Experimentiersaal geworden. Nirgendwo gibt es heute eine ähnliche vollständige Sammlung mit solchen Demonstrationsmöglichkeiten wie dieses deutsche Bildungsinstitut in München.

(Nach dem „Bulletin der Bundesregierung")

156. Bayern in europäischer Sicht

Unter den deutschen Ländern, in denen der europäische Gedanke seit vielen Jahrhunderten lebendig war, steht zweifellos Bayern in der vordersten Reihe. Seit seinem Eintritt in die Geschichte ist sich dieses Land stets seiner Verbundenheit mit Europa bewußt geblieben. Trotz des so oft ausgesprochenen Individualismus hat gerade Bayern nie seine Verbindung zu den Ländern Europas und die sich daraus ergebende Verpflichtung verleugnet. Als ältestes festgeschlossenes Siedlungsgebiet Deutschlands ist von Bayern bereits kurz nach der Zeit der Völkerwanderung eine wirtschaftliche und geistige Kolonisation nach dem Osten und dem Südosten getragen worden. Die Lage Bayerns im Norden der Alpen und an den großen europäischen Nord-Süd-Straßen hat bewirkt, daß sich in einem echten Bauernland Handelsmetropolen von Weltrang bildeten und sich damit stets eine Berührung mit fremder Art und Sitte ergab. Die Salz- und Bernstein-Straßen, die Straßen, auf denen das nordische Eisen nach Süden und römische Töpfereien nach Norden gingen, liefen durch bayerisches Land. Das Salz, das man in den bayerischen Bergen fand, wanderte von hier bis an die Ost- und Nordsee, nach Westen und Osten. Bis zum Anfang des vorigen Jahrhunderts gehörte Salz zu den wichtigsten Handelsartikeln, denn ohne Salz gab es keine Konservierung von Fisch, Fleisch und Gemüse. Und der Salzreichtum Bayerns schaffte auch eine enge Verknüpfung mit den benachbarten Ländern.

Die Nachbarschaft Italiens mit seiner hohen wirtschaftlichen und geistigen Kultur setzte Bayern in den Stand, wiederum als Mittler zwischen dem Süden und Norden, aber auch dem Osten aufzutreten.

Zu den westlichen und östlichen Nachbarn bestanden enge dynastische und wirtschaftliche Verbindungen. In der Zeit der Kreuzzüge nahm sich mancher bayerische Herr seinen Standesgenossen aus der Provence zum Vorbild. Feinere Gesittung, ritterlicher Minnedienst fanden Eingang in Schlösser und Burgen des Bayernlandes.

Die bedeutendsten Kaufleute des Mittelalters, wie die Fugger, Welser und andere, waren bayerische Kaufherren, und der Reichtum der Fugger ist durch ihren Flachshandel begründet worden. Augsburg war durch die Fugger auch eine der wichtigsten Geld- und Finanzzentralen Europas.

Nürnberg zählte im Mittelalter ebenfalls zu den wichtigsten internationalen Handelsplätzen. Nürnberger und Augsburger Kaufleute hatten eigene Niederlassungen oder Korrespondenten in der Schweiz, in Frankreich, in Italien, in den Niederlanden, in Rußland, Polen und den Balkanländern. Polnischer Honig, russische Pelze, Brabanter Tuche, Lyoner Seiden, flämischer und russischer Flachs, Augsburger Leinen, italienische Brokate, spanische und italienische Weine, orientalische Gewürze und Farben, wie Purpur und Scharlach, wurden über bayerische Handelshäuser gekauft und verfrachtet.

Die politische Entwicklung vor allem nach Ausgang der Barockzeit, die immer stärkere Verlagerung der großen Handelswege aus dem Mittelmeer nach dem Atlantik verminderten jahrzehntelang das wirtschaftliche Gewicht Bayerns und seiner alten Handelsplätze. Eine Zeitlang scheint es, als ob Bayern mehr und mehr aus der europäischen Sicht verschwände und sein Genügen in der Land- und Fortwirtschaft finde.

Mit dem Heraufkommen des Maschinenzeitalters beginnen aber wieder die Räume um Nürnberg, Augsburg, München und die Mainstädte sich in das wirtschaftliche Potential Deutschlands einzuschalten. Es entsteht eine Reihe wichtiger Industriezweige, die in stetem Wachstum neue Weltgeltung erlangen. Nürnberger Spielzeug, wissenschaftliche Apparate, Fahrräder, Schreibmaschinen, Reißzeuge, Bleistifte und Erzeugnisse der Elektrotechnik erobern sich die Weltmärkte. In Fürth steht heute das größte Radio- und Fernsehwerk Europas. Auch in Augsburg entwickelt sich eine Maschinenindustrie von Weltgeltung. Die alte Tradition Augsburgs als Webereizentrum erhält neuen Auftrieb. Augsburger Textilfabriken liefern in alle Welt. In München, der Landeshauptstadt, entsteht, angeregt durch die Entdeckung Fraunhofers, eine international bedeutende optische Industrie, daneben Waggonfabriken, Motorenwerke, Gießereien und eine bedeutende Elektroindustrie.

Aber auch durch ein anderes Erzeugnis knüpfen sich von Bayern aus wirtschaftliche Beziehungen in alle Welt. Es ist das berühmte bayerische Bier, das in dieser Zeit begann, sich Weltruf zu verschaffen und zu einem der wichtigsten Exportartikel Bayerns zu werden. Bayern war und ist heute noch das führende Bierland Europas und darüber hinaus wohl der ganzen Welt.

(Nach dem „Bulletin" der Bundesregierung vom 20. 12. 1956).

157. Die Religionen der Menschheit

Zahlreich sind die Religionen der Menschheit. Man wird die Namen der Götter und Göttinnen, zu denen der Mensch gebetet hat oder noch betet, niemals vollständig aufzählen können. Die Riten nennen und sie deuten zu wollen, würde Tausende von Bänden füllen. Wissenschaften wie die Anthropologie, die Archäologie und die Paläontologie bringen ständig neue Funde an den Tag, aus denen wir das Leben unserer Ahnen kennenlernen. Was die Funde zeigen, mag im einzelnen noch so unterschiedlich sein, in einem jedenfalls stimmen sie überein: Der Mensch ist ein religiöses Wesen. Stets hat er

Überirdisches angebetet, und meist war er auch von der Unsterblichkeit seiner Seele überzeugt. Der amerikanische Anthropologe William Howells sieht in diesem unwiderstehlichen Drang zur Anbetung sogar den entscheidenden Unterschied zwischen Mensch und Tier: „Der Mensch ist ein Geschöpf, das Dinge, die es nicht sehen kann, begreift und Dinge, die es nicht begreifen kann, glaubt."

Es steht außer Zweifel, daß die Religionen, in deren Formen der Mensch von heute den Zugang zum Unendlichen sucht, nicht plötzlich und ohne Vorläufer da waren. Religionen haben genauso ihr Werden wie die Menschen, die sich an ihrem Glauben aufrichten und festhalten. So hat man zum Beispiel sehr beachtet, daß die kürzlich entdeckten Papyrusrollen vom Toten Meer die Ähnlichkeit gewisser Vorstellungen, Kulthandlungen und -formen des Neuen Testaments mit denen der Qumrân-Sekte aufzeigen, die im ersten Jahrhundert v. Chr. in der Wildnis am Jordan lebte. Natürlich schließt man auf Beziehungen zwischen dieser Glaubensgemeinschaft und den ersten Christen. Aber was beweist das anderes, als daß das Christentum, dessen jüdische Wurzeln ja nie abgeleugnet, sondern seit jeher mit Nachdruck unterstrichen worden sind, einer bestimmten jüdisch-reformierten Sekte ein besonderes geistiges Vermächtnis verdankt? Das Ausmaß dieser Erbschaft ist noch lange nicht abzusehen, denn die Wissenschaft hat gerade erst mit der Prüfung der Papyri begonnen.

(Aus der Knaur-Illustrierten Nr. 2/1958, Leseprobe aus „Die großen Religionen der Welt")

158. Der Kampf gegen die Malaria in Sardinien

Ganz Europa bot bei Kriegsende ein Bild des Elends. Aber am schlimmsten war der Zustand Sardiniens. Diese bergige Mittelmeerinsel, ein Teil des italienischen Staatsgebietes und die zweitgrößte Insel des Landes, rund 24 000 qkm groß, mit insgesamt ca. 1,3 Millionen Einwohnern (1951) nur dünn besiedelt, ist allerdings nicht erst von den bombenwerfenden Flugzeugen des zweiten Weltkrieges verheert worden, sondern schon lange vorher von einem kleinen Insekt, der Anopheles-Mücke, der Verbreiterin der Malaria.

Für dieses winzige Tierchen, das schon so viel Unheil über die Welt gebracht hat, war die Insel Sardinien ein Paradies. Heiße, trockene Sommer, ausgedehnte Regenperioden im Winter, die weite Gebiete der Insel bedeckenden Sümpfe, zahllose stehende Gewässer boten ideale Existenzbedingungen für Myriaden von Seuchenträgern. Der Gesundheitszustand der Bevölkerung war infolgedessen katastrophal und die wirtschaftliche Entwicklung dementsprechend gehemmt. Noch 1936 waren fast 57 Prozent der arbeitenden Bevölkerung, Bauern und Hirten, auf äußerst niedrigem Existenzniveau, und weder Handel noch Industrie konnten sich entfalten. Die Wirtschaft blieb rückständig. Kein Wunder — rund die Hälfte der Arbeitszeit ging verloren, wenn die bedauernswerten Inselbewohner von Malariaanfällen geschüttelt wurden.

Bei diesem Zustand wäre es wohl noch lange geblieben, wenn sich hier die Kriegsfolgen nicht ausnahmsweise segensreich ausgewirkt hätten. Die Amerikaner nämlich, die als Befreier ins Land gekommen waren, führten einen erbarmungslosen Vernichtungskrieg gegen die Anopheles-Mücke.

Dieser Krieg begann 1947 und endete vier Jahre später mit einem überwältigenden Sieg. 1947 war die Bevölkerung noch total verseucht gewesen. Nach drei Jahren schon, im Jahre 1950, wurden nur noch vier Neuerkrankungen und 40 Rückfälle an Malaria registriert. Und 1952 wurde kein einziger neuer Malariafall mehr gemeldet. Diesen schönen Erfolg verdanken die Inselbewohner in der Hauptsache dem DDT, das sich hier wie in so vielen anderen malariaverseuchten Gebieten der Erde zum Segen gequälter Menschen ausgewirkt hat.

159. Schweigen und Verschwiegenheit

Das Schweigen gilt schlechthin als gute Eigenschaft, ist es aber nur dann, wenn etwas dahinter steckt. So sagte Schleiermacher dem sehr gelehrten, aber sehr bescheidenen Philologen Becker nach, er vermöge in sieben Sprachen zu schweigen.

Einem Stummen jedoch wird es niemand als Tugend anrechnen, wenn er schweigt. Es sind aber viele stumm im Geiste. Sie haben nichts zu sagen, darum sagen sie nichts. Den Dummen wird zwar seit alters empfohlen zu schweigen, damit niemand merke, wie dumm sie seien. Aber es ist ja eben das Wesen der Dummheit, daß sie sich selber als solche gar nicht erkennen kann. Wer aus Selbsterkenntnis seiner Unzulänglichkeit schweigt, ist bereits nicht mehr dumm, sondern übt Klugheit. Er schweigt nicht einfach so dahin, er verschweigt.

Man muß aber zwischen dem aktiven und passiven Schweigen unterscheiden. Nur das aktive Schweigen ist preisenswert, jenes, das angewendet wird, um etwas zu verteidigen oder anzugreifen. Denn das Schweigen ist vor allem eine Waffe. Es hat uns schon als Kind getroffen, stärker als alle Handgreiflichkeiten, wenn die Eltern uns nicht mit Worten, sondern mit Wortlosigkeit straften. Es kann uns auch noch als Erwachsene treffen, wenn jemand alle Verständigung mit uns abschneidet, indem er sich in ein Schweigen hüllt, das man das eisige nennt.

Die Krone des Schweigens ist die Verschwiegenheit. Manche glauben sie zu besitzen, wenn sie uns mitteilen, sie wüßten etwas, was wir nicht wüßten, sie hätten aber versprochen, es nicht weiterzusagen. Bei Kindern rührt es, wenn sie zur Weihnachtszeit der Mutter ins Ohr flüstern, sie hätten eine große Überraschung für sie angefertigt, aber das sei noch ein tiefes Geheimnis. Unter Erwachsenen ist diese halbe Verschwiegenheit oft schlimmer als gar keine. Denn die Verschwiegenheit verschweigt selbst den Umstand, daß sie etwas verschweigt. Ein Geheimnis ist nur dort sicher, wo man gar nicht vermutet, daß eines vorhanden sei. Erst von dieser vollkommenen Verschwiegenheit gilt das arabische Sprichwort: Am Baume des Schweigens hängt seine Frucht, der Friede.

(Nach Ernst Heimeran, „Süddeutsche Zeitung" vom 7. 6. 58.)

160. Kultur und Technik

Die Kultur des Geistes befindet sich gegenwärtig in einer Krise, in der sie gewisse Gefahren zu überwinden hat, wie sie die technische Zivilisation mit sich bringt. Das moderne Zeitalter hat aus dem Individuum den Massenmenschen gemacht. Dieser hat zwar bestimmte moralische Forderungen aufrechterhalten, hat sich aber vor allem mit den Bequemlichkeiten der modernen Technik vertraut gemacht; er ist ihnen fast vollkommen zugewandt, ein Umstand, der ihn zwingt, sich von der geistigen Kultur abzuwenden. Die Technik, einst der Unterbau der Kultur, hat sich von ihr losgelöst. Sie ist autonom geworden und zieht den Menschen zu sich hin. Die Technik ist ein Erzeugnis der Notwendigkeit, d. h. der Unfreiheit; sie ist von der Masse und für die Masse geschaffen. Die Kultur aber braucht vollkommene Freiheit. Das Europa von heute ist nun zwischen diese Forderungen der Technik einerseits und seine kulturellen Verpflichtungen andererseits gestellt. Es muß die Aufgabe jedes modernen Menschen sein, die Kultur mit der technischen Zivilisation in Einklang zu bringen.

161. Poesie und Prosa der Augen

Die Augen sind ein Spiegel der Seele — nach einem alten Sprichwort, das damit zwar sehr viel, aber noch lange nicht alles sagt. Denn außer den Gefühlen und Gemütsbewegungen verraten die Augen auch unseren Gesundheitszustand. Im übrigen steht die Bedeutung der Augen außer jedem Zweifel: Sie stellen das edelste und kostbarste unserer fünf Sinnesorgane dar —

sie sind die Quelle der weitgespanntesten und unmittelbarsten Empfindungen, sie nehmen wahr und teilen mit, und sie ermöglichen die Begegnung von Mensch zu Mensch in der direktesten Form.

Es gibt so viele Augen, wie es Menschen gibt, und immer lassen sich aus ihnen die hervorstechendsten Persönlichkeitsmerkmale herauslesen. Wie bezeichnend sind doch z. B. Augen, so klar wie ein See, blank, frisch und gerade so, als öffneten sie sich buchstäblich im „Augenblick" hinter der zarten Haut eines fast durchsichtigen Lides: Augen, denen man bis auf den Grund blicken kann. Aber auch Augen, funkelnd wie kostbare Steine; Augen, so einfach und echt wie der Klang einer Flöte, fröhlich wie Himmelsfensterchen. Und geheimnisvolle Augen, dunkel und schwer wie edler Wein; Augen, exotisch anmutend und aufreizend. Wir kennen sehnsüchtige Augen, die immer auf der Suche zu sein scheinen, heitere Augen, so ruhig wie ein sonniger Frühlingsmorgen, und verschmitzte Augen, die ihre eigenen Hoffnungen verleugnen, die nie halten, was sie versprechen.

(Nach „Schön sein", Okt. 1957, gekürzt)

162. Das Problem der Verkehrsstockungen in den Großstädten

Das Straßennetz im Innengebiet der meisten Städte stammt aus einer Zeit, wo der Verkehr hauptsächlich aus Fußgängern und Pferdewagen bestand. Durch die Entwicklung der öffentlichen Verkehrsmittel — Straßenbahnen, Omnibusse und in einigen Fällen Stadtbahnen — wurden die Voraussetzungen für eine ständig zunehmende zentralisierte Stadtbildung geschaffen, weil die preiswerten und platzsparenden Massenverkehrsmittel es ermöglichten, den Verkehr nach und von der Stadtmitte trotz der mittelalterlich engen Straßen auf befriedigende Weise zu bewältigen. Zwischen den beiden Weltkriegen begannen die privaten Kraftfahrzeuge, dem Stadtverkehr ihr Gepräge zu verleihen; in der Zeit nach dem 2. Weltkriege hat der Stadtverkehr infolge der wachsenden Motorisierung seinen Charakter vollkommen verändert. Nach wie vor bewältigen die Massenverkehrsmittel den größten — jedoch abnehmenden — Teil des gesamten Stadtverkehrs, aber der private Kraftverkehr beansprucht den Straßenraum weitaus am meisten. Diese Überbeanspruchung ist so groß, daß sie droht, den ganzen Verkehr lahmzulegen, der sich zu gewissen Zeiten des Tages ohnehin nur im Schneckentempo vorwärtsbewegt. Viele Städte können Beispiele dafür anführen, daß ein moderner Omnibus von 150 PS langsamer fährt als ein Pferdeomnibus um die Jahrhundertwende. Das Schneckentempo ist für alle Verkehrsteilnehmer teuer und äußerst lästig. Für New York hat man errechnet, daß die Verlangsamung des Verkehrstempos für die gesamte Stadt eine jährliche Mehrausgabe von 1 Milliarde Dollar bedeutet. Nicht der zunehmende Strom von Menschen verursacht die Schwierigkeiten, sondern der wachsende Strom von Kraftwagen nach der Stadtmitte. Die Autos nehmen zu viel Platz in Anspruch, sowohl wenn sie fahren als auch wenn sie parken oder wenn sie herumfahren, um einen Parkplatz zu finden. Der Kraftwagen ist ein ausgezeichnetes Hilfsmittel der Menschheit, wenn er zur rechten Zeit und am rechten Orte verwendet wird, er ist aber für den Massentransport im städtischen Verkehr nicht geeignet — hier hat er Bankerott gemacht. Das bittere Paradoxon des Autos ist, daß es hergestellt wurde, um schnell vorwärts zu kommen, daß es aber im städtischen Verkehr droht, den Verkehr zum Stocken zu bringen. Wie kann man die Zahl der Kraftwagen in der Stadtmitte vermindern?

Theoretisch kann man das in der Weise erreichen, daß man einfach die Zufahrt zum Geschäftsviertel für Kraftwagen sperrt. Eine solche Maßnahme als generelle Regelung wäre unklug; sie hätte auch keine Aussicht, den Beifall der Behörden oder der Öffentlichkeit zu finden. In der Praxis kann man ein ähnliches Ergebnis in der Weise erzielen, daß man das Parken in den meisten und, wenn nötig, in allen Straßen der inneren Stadt verhindert und nur kurzes Halten zum Ein- und Ausladen von Waren, Ein- und Aussteigen von Fahrgästen und zwecks kurzer Ladenbesuche gestattet; d. h. Fahren wird gestattet, eigentliches Parken aber verboten. Das Wirtschaftsleben muß an einer derartigen Regelung interessiert sein, teils weil der Verkehr mit Lieferwagen dadurch leichter und preiswerter wird, teils weil durch Wegfall des Dauerparkens die Einkaufsmöglichkeiten mittels Kraftwagen besser werden. Die Parkbegrenzung kann entweder durch angemessene Parkbeschränkungen oder durch hohe Parkabgaben erreicht werden. Durch Maßnahmen solcher Art wird der Autodruck auf die Innenstadt vermindert.

(Auszug aus der Broschüre „Es ist höchste Zeit", herausgegeben vom Internationalen Verein für öffentliches Verkehrswesen, Brüssel)

163. Das Brautkleid

Es gibt nur wenige Dinge im menschlichen Leben, die so vom ständigen Wechsel beherrscht sind wie die Mode. Ja, böse Zungen behaupten, die immerwährende Veränderung sei ihr einziges bleibendes Merkmal. Was gestern noch „letzter Schrei" war, ist heute schon veraltet, und was heute als schön empfunden wird, muß morgen wieder neuen Linien weichen. Bald gilt die schlanke Figur, die enge Taille, der kleine Hut, bald herrschen breite

Formen, weite Roben und Federmützen. Und das war schon immer so, seit es eine Mode gibt.

Wenn man sich unter diesem Gesichtspunkt einmal die Stilepochen der europäischen Modegeschichte seit dem 16. Jahrhundert vergegenwärtigt, dann erkennt man sehr bald, daß vor allem die Garderobe der Frauen häufig ein anderes Aussehen erhielt, gleichgültig ob man dabei an Sommer- oder Wintermoden, an Kleider, Mäntel, Kopfbedeckungen oder Schmuck denkt. Nur das Brautkleid bildet eine Ausnahme. Es folgt zwar der modischen Entwicklung, durchgreifende Veränderungen machen sich jedoch erst nach längeren Zeiträumen bemerkbar.

Das soll nicht etwa heißen, das uns heute so vertraute weiße Brautkleid mit Kranz und Schleier sei von jeher modern gewesen und bei Hochzeiten getragen worden. Im Gegenteil, es ist immer noch recht neu. Erst seit gut hundert Jahren ist es das bei Trauungen allgemein übliche Kleid. Genauer gesagt: von den drei wesentlichen Bestandteilen der bräutlichen Garderobe ist es der jüngste. Kranz und Schleier sind beträchtlich älter.

164. Das Nürnberg der Gegenwart

In Nürnberg haben sich seit jeher widerstreitende Strömungen der Geschichte getroffen und geschnitten. Es liegt nur wenige Meilen nördlich vom Limes, jenem Vorhang, der durch Jahrhunderte hindurch das römische Reich gegen das Land der Germanen geschirmt hat. Nachdem dieses Hemmnis gefallen war, trat in Nürnberg eine Verschmelzung der alten und der damals neuen Welt ein. Wenige Jahrhunderte später haben sich hier fränkische und slawische Kräfte gemessen, und aus ihrer Verschmelzung ist die große mittelalterliche Kultur dieser zeitweilig größten deutschen Stadt erwachsen.

Nürnberg ist nie eine Stadt gewesen, deren Gedeihen durch Fürstengunst und Staatsinteresse gefördert worden ist. Als ihm in seiner jüngsten Vergangenheit derartige Interessen aufgedrängt worden sind, ist das der Stadt nur zum Verhängnis geworden. Mit Ausnahme dieser kurzen, aber schlimmen Periode ist Nürnberg immer eine Stadt des Bürgertums gewesen. Das bedeutet Beharrlichkeit und Wendigkeit zugleich, Heimatliebe und Weltaufgeschlossenheit, Wirklichkeitssinn und dennoch schöpferische Leistung, nicht nur auf dem Gebiete der Kunst.

Trotz der Zerstörung vom 2. Januar 1945 steht Nürnberg heute an Lebensintensität und Aufbaufreudigkeit hinter keiner anderen deutschen Stadt zurück. Es hat bauliche Neuerungen aufzuweisen, die ihm das Siegel einer durchaus modernen Stadt im besten Sinne aufprägen. Aber es bleibt trotz der Neugestaltung, die vor allen Dingen vermeidet, eine historische Kulisse zu gestalten, doch die große mittelalterliche Stadt mit der voll erhaltenen, ausgedehnten und mannigfach gestalteten Umwallung, mit den wuchtigen Türmen, die auch moderner Artilleriebeschuß nicht zu zerstören vermochte, mit dem Gewinkel alter Gassen und Höfe, mit den prächtigen Kirchen, mit Dürerhaus und Burg.

Diese Synthese von neuzeitlichem Gestaltungswillen, uralter Struktur und grandiosen Ruinen verleiht Nürnberg ein Pathos, das gerade der erleben wird, der es früher schon gekannt hat. Keine andere Stadt ist in diesem Maße Symbol der deutschen Tragik, aber auch der alten Überlieferung und des ungebrochenen Willens zum Leben.

(Nach Wilhelm Vershofen)

165. Realismus der heutigen Jugend

Zum Realismus der heutigen Jugend sagte ein Geistlicher: „Darin liegt so etwas wie ein Ideal unserer Zeit. Diese Brüderlichkeit besteht darin, daß man den anderen Menschen als seinen Bruder erkennt, daß man ihn aber als Person sein läßt, wie er ist."

Pfarrer S. betrachtet den Zustrom zum Medizinstudium trotz der schlechten Berufsaussichten als ein Zeichen dieses verborgenen Ideals der Brüderlichkeit. Er erinnert sich an einen Abiturienten, der auf die Vorbehalte seiner Eltern geantwortet hatte: „Wenn ich einem gelähmten Menschen nur ein bißchen helfen könnte, daß er wenigstens ein paar Schritte wieder gehen kann, dann wüßte ich, daß mein Leben einen Sinn gehabt hat." In der gleichen Richtung liege es, daß bei Mädchen, von denen man das gar nicht erwarten sollte, vor allem bei Töchtern der sogenannten besseren Kreise, ein Hang zu Berufen festzustellen sei, die sie früher vermieden oder als unwürdig angesehen hätten.

166. Die Provence

Es gibt kaum ein Volk der Alten Welt, welches nicht das Paradies der Provence erobert hätte, doch rasch dahinging und einem anderen Platz machte: die Phönizier wie die Griechen, die Römer, Germanen und dann die Sarazenen. Nach ihnen kamen Burgunder, Deutsche und schließlich Franzosen. Und alle schwanden dahin, und es blieb wie vor Urzeiten, streng und schweigend, das Land der Hirten, dem die Zeit nichts anhaben kann.

Es gibt viele kleine Städte in der Provence. Und jede dieser kleinen Städte war im Laufe der letzten tausend Jahre einmal die Hauptstadt eines Staates. Doch auch diese Staaten waren von so kurzer Dauer, daß die Geschichte kaum ihre Namen bewahrt hat. Da ist Vienne, die Hauptstadt des weiten Reiches der Dauphins von Viennois. Da ist Valence, das Zentrum des Eintageherzogtums Cesare Borgias, und Orange, dessen Fürsten die Vorfahren der heutigen Königinnen von Holland sind. Da ist Avignon, die Stadt der Päpste, Arles, wo einmal die deutschen Kaiser ein eigenes Königreich beherrschten. Da sind Tarascon, Les Baux und viele andere. Jeder Name bedeutet das Aufflammen eines Blitzes, der das Dunkel der Zeit zerriß, jedoch nicht aufhellte. Und doch blieb, als dies Dunkel der Geschichte wich, eine schwer vorstellbare Zahl von Tempeln und Säulen, von Burgen und Mauern, von Kirchen und Klöstern, von Palästen, Triumphbögen und Theatern, verstreut über das ganze Land.

Es gibt eine Stelle in der Provence, wo sich das alles auf engstem Raum zusammendrängt: die Welt in der Schachtel. Da finden wir Kloster, Kirche und Kreuzgang aus dem dreizehnten Jahrhundert: Saint Remy. Seit siebzig Jahren ist es Irrenanstalt, es beherbergte den Maler van Gogh, der in der heftigen Luft der Provence, über dem Hochmut der Steine, über den Schlägen der Sonne und des Mistral den Verstand verlor. Wenige hundert Meter entfernt haben die Römer ihre Denkmäler hingesetzt: einen Triumphbogen und ein Grabmal, drei Stockwerke, achtzehn Meter hoch, mit allen Reliefs und Verzierungen, kaum von der Zeit berührt. Gleich jenseits der Straße ist eine andere Welt: griechische Inschriften, schlanke ionische Säulen, Tempelarchitrave, Reste griechischer Statuen, eine antike griechische Stadt im Süden Frankreichs, in ihren Ruinen so gut erhalten wie kaum eine drüben im Heimatland.

(Nach einem Artikel in der „Süddeutschen Zeitung" vom 24. 12. 57)

167. Frankreich und England um 1800

Talleyrand war der Prototyp einer nicht kleinen Schicht französischer Aristokraten und Großbürger, die seit der vorrevolutionären Zeit auf dem gemeinsamen Boden der westeuropäischen Aufklärung enge geistige Verbindung mit England gepflegt hatten. Trotz aller politischen Kämpfe zwischen den beiden Staaten waren die Beziehungen bis zum Anfang des neuen Jahrhunderts immer rege hinüber und herüber gegangen und hatten in Philosophie und Literatur, Kunst, Geschmack und vornehmer Lebenshaltung zu vielfachem Austausch geführt. Gerade das beiderseitige politische Interesse an der Erschließung der Neuen Welt wies in Frankreich und England zu ähnlichen Ideen über die Ordnung des alten Kontinents. Die Ruhe Europas, das Gleichgewicht der Staaten und die Abwehrstellung gegen jede unberechenbar vordringende Macht konnten als Komplemente gehandhabt werden zu der schon erreichten Größe der westeuropäischen Nationen und zu der wirtschaftlich-kapitalistischen Entfaltung, in der beide vorangingen und Frankreich dem englischen Vorbild nacheiferte — wie Talleyrand schon 1792 der Pariser Revolutionsregierung geraten hatte, Frankreich solle sich auf seine eigenen Grenzen beschränken und gemeinsam mit England Südamerika von Spanien befreien und ausbeuten.

Auch in Großbritannien, wo neben starren französischen Kriegsanhängern auch freiere Träger französischer Bildungs- und Gesellschaftsideale Zuflucht gefunden hatten, war die Neigung nie abgerissen, einen Ausgleich und Wetteifer mit der kulturell und wirtschaftlich den Engländern nächststehenden Nation selbst unter Verzichten einer Weiterführung der opfervollen Kriegspolitik vorzuziehen. In der oppositionellen Whigpartei, unter den Gesinnungsgenossen des nach kurzer Ministerpräsidentschaft 1807 verstorbenen Fox, blieben immer Bestrebungen nach friedlicher kommerzieller und ideeller Völkerbeglückung lebendig, neben dem von der Tory-Regierung vertretenen entschiedenen Niederringungswillen gegen die kontinentale Vormacht.

(Sprachen- und Dolmetscher-Institut München, Diplomprüfung Wintersemester 1956/57)

168. Licht und Schatten der internationalen Konferenzen

Zweck jeder Konferenz ist die Lösung zwischenstaatlicher Fragen. Neben dem technischen Rahmen erfordert die Konferenzarbeit vor allem eine echte Verhandlungsbereitschaft aller Beteiligten, Verzicht auf nationalen, beruflichen oder sonstigen Egoismus, Opfer für eine gemeinsame Sache. In der Vervollkommnung der Konferenztechnik, so wünschenswert diese auch aus vielen Gründen sein mag, liegt eine gewisse Gefahr: Man neigt dazu, über dem Formellen das Grundsätzliche zu vergessen. Der technische Apparat einer Konferenz ist heute so kompliziert, daß auch ohne eigentliche Arbeit viel Zeit totgeschlagen werden kann. Man wählt den Präsidenten und die Ausschüsse, diskutiert endlos über die Geschäftsordnung, die nach dem zehnten Abänderungsantrag endlich angenommen wird, und wenn man sich dann die Frage vorlegt, was zur Erreichung des Konferenzzieles wirklich, abgesehen von äußeren Dingen, geschehen sei, muß man sich oft sagen: Noch gar nichts. Die Technik, der äußere Rahmen, der Konferenzmechanismus soll die Abhaltung von Konferenzen erleichtern, aber nicht zum Selbstzweck werden. In unserer heutigen Welt, die nach dem zweiten großen Kriege immer noch in Zerrissenheit und Zwietracht lebt, ist Verständigung und Zusammenarbeit nötiger denn je; daher ist auch mehr denn je zu wünschen, daß bei internationalen Konferenzen tatsächliche Erfolge erzielt werden. Entscheidend ist letzten Endes der gute Wille aller Beteiligten. Wenn dieser gute Wille vorhanden ist, kann jede Konferenz, auch die kleinste internationale Tagung, völkerverbindende Arbeit leisten.

(Aus: Dr. Paul Schmidt und Dr. Günther Haensch „Technik und Praxis internationaler Konferenzen", Hueber Verlag, München).

169. Der künstliche Erdtrabant

Am 4. Oktober 1957 starteten die Russen einen künstlichen Trabanten. Man hatte eigentlich erwartet, daß die Amerikaner den ersten Satelliten abschießen würden, da sie dies seit langer Zeit angekündigt hatten.

Der Trabant, von den Russen „Sputnik" getauft, erhielt sofort andere Namen wie „Baby-Mond" oder „Roter Mond". Diese etwas amüsanten Bezeichnungen dürfen uns jedoch nicht vergessen lassen, daß der Abschuß des Trabanten, der mit Hilfe einer Rakete erfolgte, ein Ereignis weltgeschichtlicher Bedeutung ist. Der 4. Oktober 1957 bedeutet den Beginn des Weltraumzeitalters. In der kosmischen Schlacht hatten die Amerikaner mit der Atombombe die erste Runde gewonnen, mit dem künstlichen Trabanten hat jetzt die Sowjetunion die zweite Runde gewonnen. In den Vereinigten Staaten hatte man die wissenschaftliche Kapazität Rußlands unterschätzt. Der Trabant wie vor kurzem auch die interkontinenale Rakete beweisen, daß in Rußland ein Team von Wissenschaftlern, darunter viele Deutsche, an der Arbeit ist, das sich mit den Forschern aller anderen Länder messen kann, wenn es ihnen nicht sogar überlegen ist. Die Vereinigten Staaten haben erkannt, welche Bedeutung dem Abschuß des Trabanten auf wissenschaftlichem und militärischem Gebiet zukommt, und bemühen sich, den Vorsprung der Russen einzuholen.

Wie eine deutsche Zeitung feststellt, hätte der Start des „Roten Mondes" die westliche Welt kaum zu überraschen brauchen. In einem in der Deutschen Demokratischen Republik erschienenen Buch, das jedermann kaufen konnte, wird von dem geplanten Start des Satelliten gesprochen. In dem Werk „Die Sowjetunion von A bis Z", Februar 1957, heißt es: „Die Sowjetunion beabsichtigt, die ersten künstlichen Trabanten im Internationalen Geophysikalischen Jahr 1957/58 in den Weltraum zu schicken. Nach den neuesten Berechnungen wird ein derartiger, durch Radargeräte gesteuerter Körper für seinen Lauf um die Erde etwas mehr als 1¹/₂ Stunden benötigen."

Im gleichen Abschnitt steht ferner: „Derartige Satelliten, ausgerüstet mit außerordentlich empfindlichen Registrier- und Funkgeräten, mit denen sie ihre Erkenntnisse der Erde übermitteln, sollen unter anderem darüber Aufschluß geben, in welcher Höhe sich noch Spuren der Atmosphäre befinden, welcher Art und wie stark die kosmische Strahlung ist, die durch die Atmosphäre weitgehend verschluckt wird; welche Druck-, Temperatur- und Dichteverhältnisse in großen Höhen herrschen, woraus sich die Erdrinde zusammensetzt und welche Form sie hat; wie groß die Intensität der ultravioletten Strahlen ist, usw.".

170. Rede Papst Pius' XII. vor Vertretern der Montanunion

(Auszug)

Für die modernen Staaten mittlerer Größe ist es eine wirtschaftliche Lebensnotwendigkeit, sich eng zusammenzuschließen, wenn sie die für ihr Gedeihen, ihre wahre Freiheit und ihre kulturelle Breitenwirkung erforderliche Tätigkeit auf wissenschaftlichem, industriellem und kommerziellem Gebiet weiterhin ausüben wollen. Die europäischen Völker sehen sich jedoch heutzutage durch eine ganze Reihe von Gründen veranlaßt, sich tatsächlich zusammenzuschließen. Die mit dem letzten Weltkrieg verbundenen materiellen und moralischen Zerstörungen haben erkennen lassen, wie sinnlos eine beschränkt nationalistische Politik ist. Das tief verwundete und verkleinerte Europa sehnt sich nach Einheit und nach Beilegung jahrhundertealter Feindseligkeiten; es sieht, wie frühere Schutzgebiete rasch der Selbstbestimmung entgegenreifen, wie der Rohstoffmarkt über den nationalen Rahmen hinaus kontinentale Ausmaße angenommen hat; schließlich fühlt es, und die ganze Welt mit ihm, daß alle Menschen Brüder und dazu bestimmt sind, gemeinsam zu arbeiten, um das ganze Elend der Menschheit miteinander zu tragen und dem Ärgernis der Hungersnot und der Unwissenheit ein Ende zu setzen. Wie sollte man es da noch wagen, sich hinter einem kurzsichtigen Protektionismus zu verschanzen, zumal die Erfahrung gezeigt hat, daß derartige Maßnahmen letztens die wirtschaftliche Ausweitung behindern und die Mittel verringern, die zur Verbesserung der Lage der Menschheit zur Verfügung stehen?

Es wäre verfehlt zu glauben, daß die neue Ordnung von selbst, lediglich unter dem Druck wirtschaftlicher Faktoren, entstehen kann. Die mit der Sünde belastete Menschennatur kann nur Unordnung hervorrufen, wenn sie allein ihren Trieben überlassen bleibt. Es bedarf eines anerkannten Rechtes und einer Macht, die imstande ist, ihre Beachtung durchzusetzen. Die Europäische Gemeinschaft für Kohle und Stahl kann für sich buchen, daß sie ihre Nützlichkeit durch greifbare Ergebnisse bewiesen hat.

171. Der Franzose als Kleinrentner

Von Zeit zu Zeit machten deutsche Journalisten die überwältigende Entdeckung, daß die Franzosen eigentlich ein Volk von Kleinrentnern seien und man sie nur so verstehen könne. Immer wieder konnte man es im Blättchen lesen, auch in Büchern stand es, die ernst genommen sein wollten. Keine oberflächlichere Auffassung kann man sich denken; sie geht ganz am Kern der Sache vorbei. Erstens stimmte es scheinbar nur für die Bürger, denn der Arbeiter arbeitet sowieso bis an sein Lebensende. Zweitens ist es keineswegs der Wunsch, von den Zinsen seiner Ersparnisse ein untätiges Leben zu führen, der so viele Städter veranlaßte, sich mit fünfzig Jahren von den Geschäften zurückzuziehen und den Rest ihres Lebens in einem Häuschen mit Garten auf dem Lande zu verbringen, am liebsten in der alten Heimat, sondern es ist der eingeborene und unausrottbare bäuerliche Instinkt, der sie nie hat vergessen lassen, daß das Leben in der Steinwüste der Großstadt unnatürlich und durch und durch vergiftet ist, und der sie bewog, diesem widernatürlichen Dasein so bald wie möglich den Rücken zu kehren und ein gesundes, natürliches Leben zu führen. Und wirklichen Zweck hat das ja nur, wenn man es tut, solange man noch rüstig ist; sonst hat man keinen Genuß davon.

Der Franzose, der noch in den besten Jahren seine gehetzte Existenz als Kaufmann oder Fabrikherr aufgab, hörte keineswegs auf zu arbeiten — im Gegenteil: er stand nun mit den Hühnern auf, hackte, säte, pflanzte, schnitt seine Bäume, pfropfte, er ging jagen und fischen, übernahm Ehrenämter, ließ sich vielleicht zum Bürgermeister seiner Heimatgemeinde wählen; seine Zeit war ganz ausgefüllt, er hielt nicht einmal einen Mittagsschlaf. Und welcher Hochgenuß, den Salat zu verzehren, den man selbst gebaut, frisch vom Beet weg, die ersten Radieschen, den Blumenkohl! Und wie ganz anders schmecken die Forelle, die man selber aus dem Bach gezogen, die Krebse, die man mit Hilfe eines in Terpentin getauchten Hammelkopfes gefangen, der Wein oder Obstmost, den man selbst gekeltert. Mit Grauen dachte ein solcher Mann an die Zeit zurück, wo er nur ein Sklave seines „Unternehmens", wo jeder Tag nach Minuten eingeteilt war, das Telefon von früh bis spät rasselte und abends alle Mann zusammenhelfen mußten, damit die Post vor

Schalterschluß wegkam. Ist denn ein solches Verhalten verächtlich? Im Gegenteil, es ist höchst vernünftig, und Menschen, die so handeln, beweisen damit, daß sie das Wesentliche vom Unwesentlichen scheiden können, was wir Deutschen nie konnten. Aber der „Kleinrentner" mit seinem stumpfsinnigen Dasein war ein wichtiger Faktor in unserer Lügenpropaganda, und deshalb wurde die Mär unermüdlich wieder aufgewärmt.

(Übersetzungsaufgabe, „Die Fremdsprache", Nr. 12/1950. — Aus: P. Distelbarth, Franzosen und Deutsche, Bauern und Krieger, ausgewählt von Dr. F. Paepcke)

172. Der Panamerikanismus

Als Vorbild des Atlantikpaktes wird in den USA der „Interamerikanische gegenseitige Hilfsvertrag" angesehen. Die USA setzten sich auch besonders für seinen — 1947 in Rio de Janeiro erfolgten — Abschluß ein. Er leitete eine Weiterentwicklung der engeren Zusammenarbeit der amerikanischen Staaten (außer Kanada) ein, die mit der Akte von Chapultepec begonnen hatte. Gegenseitige Streitigkeiten sollen danach zunächst nicht den Vereinten Nationen, sondern der Organisation amerikanischer Staaten unterbreitet werden. Ferner ist danach jeder äußere Angriff auf einen amerikanischen Staat als ein Angriff auf alle amerikanischen Staaten anzusehen, und jeder Unterzeichner ist verpflichtet, im Sinne des Artikels 51 der Satzung der Vereinten Nationen dem Angriff entgegenzutreten. Er kann jedoch die von ihm zu ergreifenden individuellen Maßnahmen selber bestimmen. Über kollektive Maßnahmen berät ein Konsultativorgan, das bei Bedarf zusammentritt und dem die Außenminister der Mitgliedstaaten angehören.

1948 wurde dann die Gründung der „Organisation der amerikanischen Staaten", einer regionalen Einrichtung im Sinne der Satzung der Vereinten Nationen, beschlossen. Sie ist aber nicht die erste Vereinigung der amerikanischen Republiken. Diese bildeten schon 1890 einen lockeren Verband, der sich später Panamerikanische Union nannte und in dem sich übrigens ein hegemonialer Protektionismus des mächtigsten Staates, der USA, bemerkbar machte. An der Spitze der heutigen Organisation, die auch die wirtschaftliche, soziale und kulturelle Zusammenarbeit fördern will, steht der „Rat der amerikanischen Staaten", der aus Sonderbevollmächtigten aller Mitgliedsstaaten besteht und seinen Sitz in Washington hat.

Im März 1954 fand in Caracas, der Hauptstadt Venezuelas, die 10. Interamerikanische Konferenz statt. Sie faßte nicht nur eine Resolution gegen eine Beherrschung oder Kontrolle der politischen Institutionen eines amerikanischen Staates durch die internationale kommunistische Bewegung. Sie nahm auch — und zwar bei Stimmenthaltung der USA — eine Entschließung an, in welcher offiziell und formell das „Ende des Kolonialismus" auf dem amerikanischen Kontinent gefordert wird — auf und vor welchem Großbritannien, Frankreich und die Niederlande noch Kolonien besitzen.

Im Juni und Juli 1954 lebte in den lateinamerikanischen Staaten, die auf die Wahrung ihrer Souveränität bedacht sind und jede Einmischung der USA in ihre Innenpolitik ablehnen, das alte Mißtrauen gegen den „Dollarimperialismus" wieder mächtig auf. Den USA wurde vorgeworfen, sie seien nicht unbeteiligt an dem durch eine von Honduras her eingedrungene „Befreiungsarmee" herbeigeführten Sturz der guatemaltekischen Regierung Arbenz, deren Agrarreform die Enteignung eines großen Teils des umfangreichen Landbesitzes der nordamerikanischen United Fruit Company mit sich brachte. Die Regierung der USA übergab jedoch noch im Juli den Gerichten eine Monopolklage gegen diese Gesellschaft. Im August 1954 kam es in Brasilien nach dem Selbstmord des Präsidenten Vargas, in dessen Abschiedsbrief von einer Ausbeutung Brasiliens durch internationale Wirtschafts- und Finanzgruppen die Rede war, zu Demonstrationen gegen die USA, die mit Überfällen auf die Botschaft der USA und Gebäude der Standard Oil Company verbunden waren.

(Aus Franz Ernst, Grundlagen der politischen Gegenwartskunde, Neue Deutsche Schule Verlagsgesellschaft m. b. H., Essen, 1955)

173. Die Franzosen und ihre Sprache

Als die Bewegung des Humanismus und der Renaissance am Ende des 15. Jahrhunderts von Italien nach Frankreich übergriff, hatte sich dort ein starkes, schon beinahe unumschränktes Königstum ausgebildet. Und die Franzosen waren derart stolz auf ihren Herrscher, daß der völkische Gedanke bei ihnen fast restlos in dem dynastischen Gefühl aufging. Wer damals sich rühmte, ein Franzose zu sein, der dachte dabei kaum an die französische Sprache und noch weniger an die große Vergangenheit und mittelalterliche Kultur des Landes, sondern vor allem an die Macht und Herrlichkeit seines Königs zu Paris. Zur bewußten Pflege ihrer Landesgeschichte und zur planmäßigen Bereicherung, Veredelung und Reinigung ihrer Sprache als eines nationalen Gutes sind die Franzosen erst durch das italienische Beispiel angeregt worden. Während aber bei den Italienern das Nationalgefühl sich an eine erfreuliche politische Wirklichkeit nicht anlehnen konnte und daher bis in das 19. Jahrhundert herein, bis zum Risorgimento, einen beschaulichen, schwärmerischen, beinahe wollüstigen und arkadischen Zug bewahrt hat und Künstlerliebe zur Nation geblieben ist, ist es in dem mächtig gefügten Frankreich gleich um so realistischer, praktischer und aggressiver geworden. Selbst die gelehrte Arbeit an der nationalen Geschichte, Literatur und Sprache wurde mit eroberungslustigem Eifer getrieben und als eine Art Wettkampf mit der Antike und mit den Italienern aufgefaßt. Seit den Tagen der Renaissance bis auf die Gegenwart gilt in Frankreich die Veredlung der Sprache, die Feststellung des Sprachgebrauches und der Rechtschreibung, die Verbuchung des Wortschatzes, die Uniformierung der französischen Laut- und Schriftformen nicht bloß als eine nationale Angelegenheit, sondern geradezu als eine staatliche und politische. In diesem Sinne haben die Könige ihre Sprachverordnungen erlassen, haben Philologen und Künstler von ihnen ihre Aufträge empfangen, hat Richelieu die Académie française gegründet und haben die größten Meister der Sprache ihr Genie in den Dienst des Sonnenkönigs gestellt. In Frankreich zum erstenmal übernimmt der Staat die Organisation einer nationalen Einheitssprache. Was das Königstum begonnen, wird von der Revolution weitergeführt. Im Jahre 1790 hat die Nationalversammlung in Paris den Plan gefaßt, alle Dialekte, Mundarten, Patois und Jargons im Reiche auszurotten um der Einheit willen. Auf so gewaltsame und stolze, unkindliche Weise haben die Franzosen ihre Sprache lieben und pflegen gelernt. Daher gibt es kein Land, wo die sprachliche Zucht so straff und allgemein ist wie bei ihnen, und keines, das so frühe, so nachdrücklich und planmäßig für die Verbreitung seiner Sprache im Ausland gearbeitet hat.

(Aus Karl Vossler, Geist und Kultur in der Sprache, München, 1960)

174. Arbeitnehmer und Arbeitgeber in der Bundesrepublik

Im Oktober 1949 war auf dem Gründungskongreß in München der „Deutsche Gewerkschaftsbund" für das Gebiet der Bundesrepublik Deutschland, die seither stärkste und einflußreichste der wirtschaftlichen Interessenorganisationen eines an Interessenverbänden wahrlich nicht Mangel leidenden Staates entstanden. Auf diesem ersten Kongreß stellten die Teilnehmer vier Forderungen auf: Vollbeschäftigung, Mitbestimmung der Arbeitnehmer an der Wirtschaftsführung, Überführung der Schlüsselindustrien in Gemeineigentum und gerechte Verteilung des volkswirtschaftlichen Ertrages. Später ist vor allem die Forderung nach Arbeitszeitverkürzung hinzugetreten.

Nach den Erfahrungen der Weimarer Zeit nahmen und nehmen die Gewerkschaften für sich in Anspruch, über tarif- und sozialpolitische Forderungen hinaus zu politischen Fragen allgemein Stellung zu nehmen. Sie weisen auf ihre parteipolitische Unabhängigkeit hin, doch kann ihrer Meinung nach „von einer politischen Neutralität der Gewerkschaften nicht die Rede sein" (Lepinski). In diesem Sinne haben sie einige Jahre später mit ihrer Parole „Wählt einen besseren Bundestag" und mit ihrem Kampf gegen die Atombewaffnung in die Politik aktiv eingegriffen.

Im Zeichen des „Union"-Gedankens, der aus der Zeit der Unterdrückung gerettet wurde, hatten sich die Arbeitnehmer darauf geeinigt, nicht mehr die alten sozialistischen, christlichen und liberalen Gewerkschaften der Weimarer Zeit ins Leben zu rufen. „Der DGB wurde eine Einheitsgewerkschaft ohne Ideologie und Weltanschauung" (Furtwängler). Statt der früher vorwiegend üblichen Berufsgliederung wählte man nun die Organisation in Industrieverbänden; 16 solcher Industriegewerkschaften bilden das Fundament für den DGB. War während der Regentschaft des „starken Mannes" Hans Böckler mit seinen gemäßigten Tendenzen der Vorstand des DGB in politischen Fragen maßgebend, so bekamen später unter schwächeren Vorsitzenden die stärksten Gewerkschaften (IG Metall, ÖTV usw.) ein nicht zu übersehendes Übergewicht. Auch führte die marxistische Auslegung des Arbeitgeber-Arbeitnehmerverhältnisses insbesondere unter dem zeitweiligen Chefideologen Viktor Agartz zu starken Spannungen innerhalb der Organisation. Sie konnten jedoch bisher stets beigelegt werden. (Eine „Christliche Gewerkschaftsbewegung Deutschlands" hat bisher keinen Einfluß entfalten können.) 1959 zählte der DGB bei stagnierendem Bestand 6,3 Millionen Mitglieder. Als größere Organisationen blieben ihm nur die Deutsche Angestelltengewerkschaft und der Deutsche Beamtenbund fern.

Auch die Industrie machte von ihrer neugewonnenen Freiheit Gebrauch. Ein Gründungsappell rief am 21. September 1949 alle Industrieverbände auf, sich an einer neuen Arbeitsgemeinschaft zu beteiligen. Sie nahm Anfang 1950 den Namen „Bundesverband der Deutschen Industrie" (BDI) an. Die Anzahl der ihm angeschlossenen Verbände ist im Laufe der Zeit von 32 auf 38 gestiegen. Ziel des Verbandes, der die Nachfolge des schon im Jahre 1919 gegründeten „Reichsverbandes" angetreten hat, ist es, „alle gemeinsamen Belange der in ihm zusammengeschlossenen Industriezweige zu wahren und zu fördern ... Ausgenommen ist die Vertretung sozialpolitischer Belange." Dieser Aufgabe haben sich die regionalen „Arbeitgeberverbände", in der „Bundesvereinigung der Deutschen Arbeitgeberverbände" zusammengeschlossen, angenommen. Sie sind die Partner der Gewerkschaften in Tariffragen.

(Aus Paul Noack, Deutschland von 1945—1960, Günter Olzog Verlag, München, 1960)

175. Japan im 2. Weltkrieg

Japan hatte in den Kriegsjahren bis 1939 seine Vorräte aufgezehrt. Wenn es in China zum Erfolg kommen wollte, mußte es einmal seine eigenen Kräfte stärken, zum andern die des Feindes schwächen durch Abschneiden von seiner Zufuhr. Konnte es für Japan eine günstigere Gelegenheit geben als den zweiten Weltkrieg, der alle europäschen Kräfte in Europa und im Atlantik konzentrierte und ihm im Fernen Osten freie Hand ließ? Tatsächlich kam für Japan 1940, nachdem die Vereinigten Staaten ihren schon seit 1910 bestehenden Handelsvertrag mit Japan 1939 gekündigt hatten, die große Stunde: In Fürst Konoye besaß es einen Premierminister, der mit der Gründung einer Einheitspartei die denkbar günstigsten inneren Voraussetzungen für ein solches Unternehmen schuf; auf der anderen Seite war als erste Macht Frankreich ausgeschaltet, so daß Japan ohne Schwierigkeiten Französisch-Indochina gewinnen konnte. Thailand (Siam) sollte das Sprungbrett sein für den japanischen Vormarsch (Herbst 1941) nach Niederländisch-Indien, wegen seiner reichen Rohstoffquellen ein Hauptziel Japans. Und doch konnte Japan keinen Angriff führen, ohne im Pazifik die Interessensphäre Amerikas in der Luft und zur See zu berühren.

Während der „Friedensgesandte" Kurusu in Washington zusammen mit dem dortigen japanischen Botschafter Nomura Friedensvorschläge mit dem amerikanischen Staatssekretär Hull besprach, griffen japanische Trägerflugzeuge den seit 1887 in amerikanischen Händen befindlichen Stützpunkt Pearl Harbour auf den Hawaii-Inseln an (7. Dezember 1941) und fügten den dort stationierten amerikanischen Schlachtschiffen und Fliegern so erhebliche Verluste zu, daß Japan im ersten Kriegsjahr die unbestreitbare Überlegenheit im Pazifik hatte. Gleichzeitig war die japanische Invasionsarmee nach den Philippinen unterwegs. Der Augenblick war günstig gewählt, denn ein großer Teil der amerikanischen See- und Luftstreitkräfte war im Atlantik gebunden. Mit diesem plötzlich geführten Schlag begann der japanische „Blitzkrieg" durch den ganzen Pazifik.

(Nach Adolf Rock, Kurze Geschichte der USA, Verlag Der Greif, Wiesbaden 1946)

176. Die europäische Kunst im Mittelalter

Die christliche Kunst der Frühzeit, deren erste Äußerungen wir in den Katakomben finden, hat die Basilika entwickelt. Zuerst hatte die Basilika nur ein Schiff, später dann auch mehrere. Der Altar befindet sich in der Apsis. Unter orientalischen Einflüssen hatte sich im oströmischen Reich die byzantinische Kunst entwickelt. Beide Stile, der frühchristliche und der byzantinische, haben ein gemeinsames Element: die farbenreichen Mosaike; daher ist es oft schwer, die beiden Arten von Kirchen zu unterscheiden, die vielfach auf die gleiche Zeit zurückgehen, wie dies z. B. in Ravenna der Fall ist.

Die romanische Kunst hat die basilikale Form weiterentwickelt. Sie ist durch die Wucht der Massen gekennzeichnet. Es waren vor allem die Klöster, die diese Kunst entwickelt haben, und die Baumeister waren vielfach Mönche. Um die starken Mauern zu stützen, hat man Strebepfeiler eingeführt. Der romanische Stil hat eine Reihe von regionalen Varianten entwickelt. Die schönste romanische Kirche der Christenheit, die von Cluny, wurde zerstört. In der romanischen Kunst wurde die Dekoration immer reicher Die Kapitelle der Säulen und die Reliquienschreine wurden reich verziert.

Die gotische Kunst hat ihren Ursprung in der Isle de France. Das charakteristische Bauwerk der Gotik ist die Kathedrale, die ihrer ganzen Anlage nach dem Himmel zustrebt. In der gotischen Kunst finden wir neue Elemente, wie den Spitzbogen, Gewölbe, deren Träger Rippen sind, lange, bemalte Fenster usw. Die gotische Skulptur ist von ungeheurem Reichtum, man denke nur an die Chimären und Wasserspeier von Notre-Dame. Die gotische Malerei empfing Antriebe aus Italien, vor allem von Giotto. Die neue Kunst, die ihren Ursprung, wie wir schon sagten, in Frankreich hatte, strahlte über ganz Europa aus, und wir finden gotische Dome in England, in Deutschland, in Belgien, in Spanien und Italien. Dort fand allerdings die Gotik den heftigsten Widerstand. In der gotischen Skulptur haben die Personen der Bibel Gestalt angenommen, eine Gestalt, die vielfach Züge der Menschen jener Zeit aufweist. Den Abschluß der Gotik bildet die sog. Spätgotik.

177. Über das Alter

Das Greisenalter ist eine Stufe unsres Lebens und hat wie alle andern Lebensstufen ein eigenes Gesicht, eine eigene Atmosphäre und Temperatur, eigene Freuden und Nöte. Wir Alten mit den weißen Haaren haben gleich allen unsern jüngeren Menschenbrüdern unsre Aufgabe, die unsrem Dasein den Sinn gibt, und auch ein Todkranker und Sterbender, den in seinem Bett kaum noch ein Anruf aus der diesseitigen Welt zu erreichen vermag, hat seine Aufgabe, hat Wichtiges und Notwendiges zu erfüllen. Altsein ist eine ebenso schöne und heilige Aufgabe wie Jungsein, Sterbenlernen und Sterben ist eine ebenso wertvolle Funktion wie jede andre — vorausgesetzt, daß sie mit Ehrfurcht vor dem Sinn und der Heiligkeit alles Lebens vollzogen wird. Ein

Alter, der das Altsein, die weißen Haare und die Todesnähe nur haßt und fürchtet, ist kein würdiger Vertreter seiner Lebensstufe, so wenig wie ein junger und kräftiger Mensch, der seinen Beruf und seine tägliche Arbeit haßt und sich ihnen zu entziehen sucht.

Kurz gesagt: um als Alter seinen Sinn zu erfüllen und seiner Aufgabe gerecht zu werden, muß man mit dem Alter und allem, was es mit sich bringt, einverstanden sein, man muß Ja dazu sagen. Ohne dieses Ja, ohne die Hingabe an das, was die Natur von uns fordert, geht uns der Wert und Sinn unsrer Tage — wir mögen alt oder jung sein — verloren, und wir betrügen das Leben. Jeder weiß, daß das Greisenalter Beschwerden bringt und daß an seinem Ende der Tod steht. Man muß Jahr um Jahr Opfer bringen und Verzichte leisten. Man muß seinen Sinnen und Kräften mißtrauen lernen. Der Weg, der vor kurzem noch ein kleines Spaziergängchen war, wird lang und mühsam, und eines Tages können wir ihn nicht mehr gehen. Auf die Speise, die wir zeitlebens so gern gegessen haben, müssen wir verzichten. Die körperlichen Freuden und Genüsse werden seltener und müssen immer teurer bezahlt werden. Und dann alle die Gebrechen und Krankheiten, das Schwachwerden der Sinne, das Erlahmen der Organe, die vielen Schmerzen, zumal in den oft so langen und bangen Nächten — all das ist nicht wegzuleugnen, es ist bittere Wirklichkeit. Aber ärmlich und traurig wäre es, sich einzig diesem Prozeß des Verfalls hinzugeben und nicht zu sehen, daß auch das Greisenalter sein Gutes, seine Vorzüge, seine Trostquellen und Freuden hat. Wenn zwei alte Leute einander treffen, sollten sie nicht bloß von der verfluchten Gicht, von den steifen Gliedern und der Atemnot beim Treppensteigen sprechen, sie sollten nicht bloß ihre Leiden und Ärgernisse austauschen, sondern auch ihre heiteren und tröstlichen Erlebnisse und Erfahrungen. Und deren gibt es viele.

(Hermann Hesse aus „Im Zeichen der Hoffnung" — Ein Lesebuch, Max Hueber Verlag, München 1961).

178. Das Jahrhundert des Rokoko

Vielleicht wird uns das Rokoko oft idealer vorgestellt, als es in Wirklichkeit war. Mag sein, daß es uns wie den Romantikern vor 150 Jahren geht, als sie in fränkischen Städten das Mittelalter wiederentdeckten und davon zu schwärmen anfingen.

Strenge Historiker dämpfen ohnehin unser Entzücken, indem sie sagen, der großartige Lebensstil des Rokoko sei nicht allgemein gewesen. Die Creme der Gesellschaft hat auf Kosten des Volkes gelebt, das ist wahr. Der Adel blieb unbesteuert und trieb ungeheuren Aufwand, um die Langeweile fernzuhalten, während die Bauern dahinvegetierten und Frondienste leisteten. Liebe wurde zum graziösen Gesellschaftsspiel. Man genoß ohne Schmerz und floh die große Leidenschaft. In sich selbst verliebt wie Narziß, gierte man nach ewiger Jugend: Da die Natur sie nicht schenkte, retuschierte man Gesicht und Haare mit Puder. Während Renaissance und Barock den Zug zum Großen hatten, kultivierte das Rokoko Grazie und Tändelei und die Andacht zum Kleinen: Statt der Paläste schuf man die Pavillons und Lustschlößchen. Das Heroische war zur charmanten Nippsache zusammengeschmolzen. Leicht zu sagen, dies sei Dekadenz gewesen, eine Passion zum Unnatürlichen. Aber wir verstehen beim Anblick der Kunstschätze des Rokoko Talleyrands Wort: Niemand, der diese Zeit nicht erlebt habe, wisse, was Leben wirklich sei.

Wie steht es nun um die Kunstwerke des Rokoko? Nicht die akademische Strenge besticht hier, sondern eine Art Impressionismus, die spontane Beobachtung. Die Menschenkenntnis führt den Stift. Und nicht nur den Stift. Auch der Meißel der Bildhauer profitierte von der diagnostischen Meisterschaft der Zeit. Vor allem die Franzosen, Houdon zum Beispiel, waren sehr gute Psychologen, wie sich im Realismus ihrer Porträtbüsten zeigt. Unvergleichlich ist die Bearbeitung des Marmors, dessen Oberfläche wie Seide schimmert. In Deutschland dominierte mehr die Holzplastik. Die schönsten Arbeiten stammen von dem Oberpfälzer Ignaz Günther.

Gold und Silber hat das prunkliebende Jahrhundert in vielfacher Form verarbeitet. Wir sehen Medaillen, die sich die europäischen Fürsten gegenseitig zum Geschenk machten. Es war ihr Ehrgeiz, an ihrem Hof die höchste Fertigkeit in dieser Kunst auszubilden. Die Wände, die Möbel, die Wagen, die Kleider funkelten von Gold und Silber. Man aß mit vergoldeten Bestecken von kostbar verzierten Servicen. Die Goldschmiedekunst stand überall in hoher Blüte; in Deutschland war Augsburg in diesem Handwerk die führende Stadt. An liturgischen Geräten entfaltete sich die Formphantasie in geradezu überschwänglicher Weise. Sachlichkeit lag dieser Zeit fern. Sie stand im Zeichen der Muschel, der Rocaille, die der Epoche den Namen gab. Ornament war alles. In unendlichen Variationen wurde das Thema der Muschel abgewandelt — in Metall, Holz, Stuck — und in Porzellan.

Das Porzellan fand man in Deutschland, als man Gold machen wollte. Bis zum Jahre 1709 gab es in Europa nur chinesisches Porzellan. 1710 wurde in Meißen die erste europäische Hartporzellan-Manufaktur gegründet, nachdem Johann Friedrich Böttger, der Alchimist August des Starken, das Geheimnis der Porzellanherstellung entdeckt hatte. Wenige Jahrzehnte später hatten die meisten europäischen Fürsten ihre eigene Manufaktur, die Geschirr herstellte und Porzellanplastik hochzüchtete, deren Meister Bustelli wurde. Ihm verdankt die Nymphenburger Manufaktur ihren Weltruhm.

Möbel, Gobelins und Teppiche schmückten die festlichen Räume der Schlösser, in denen Bach, Couperin, Gluck, Haydn, Mozart, Pergolesi, Vivaldi u. a. musizierten, um der feudalen Gesellschaft die Langeweile zu vertreiben. Es gab jedoch auch Residenzen, wo das Genie verstanden wurde, wo die Musik mehr als Unterhaltung war und die Künstler nach ihrem Wert gehalten wurden. Licht und Schatten liegen über der Geschichte dieses Jahrhunderts.

(Bearbeitet nach einem Artikel im Stadtanzeiger Nr. 29/1958 der „Süddeutschen Zeitung", gekürzt.)

179. Nationalstaat und Massengesellschaft

Ein großer Teil der gegenwärtigen politischen, wirtschaftlichen und sozialen Schwierigkeiten ist in der Unfähigkeit der alten Nationalstaaten begründet, den Bedürfnissen und Ansprüchen der modernen Massengesellschaft gerecht zu werden. Insofern ist der Streit darüber, ob der Nationalstaat alten Stils erhalten und ausgebaut werden soll, müßig, denn er ist offenbar ebensowenig imstande, das zu leisten, was heute von einem Staat verlangt wird, wie es die von Wilhelm von Humboldt vor der industriellen Revolution gegründete Universität ist, den derzeitigen, an den Akademiker gestellten Anforderungen gerecht zu werden. Alexis de Tocquevilles Voraussage von 1835 hat sich in beunruhigender Weise erfüllt: „Es gibt zur Zeit zwei große Völker auf der Erde, die, bei verschiedenen Ausgangspunkten, dem gleichen Ziele zuschreiten: die Russen und die Anglo-Amerikaner ... Ihr Ausgangspunkt ist verschieden, ihre Wege sind es auch; und dennoch scheint nach einem geheimen Plan göttlicher Bestimmung jedes von ihnen berufen, eines Tages die Geschicke einer Hälfte der Welt in Händen zu haben." Beide Völker und ihre Staatsgebilde haben ihren Ursprung nicht in der europäischen Nationalstaatsidee. In beiden sind seit ihrem Entstehen übernationale Elemente wirksam, beide fühlen sich einer missionarischen Idee verbunden, für die sie allgemeine Gültigkeit beanspruchen.

Bismarck hat seine Reichsschöpfung nicht, wie später die Nationalsozialisten, als „europäische Ordnungsmacht" empfunden. Auf dem Berliner Kongreß 1878 war Bismarck als „ehrlicher Makler" bemüht, die Neuordnung Osteuropas wirklich zustande zu bringen, nachdem Großbritannien und Österreich-Ungarn darauf bestanden hatten, daß die im Frieden von San Stefano 1878 zwischen Rußland und der Türkei vereinbarten Bedingungen geändert werden müßten. Bismarcks Maklerrolle, deren Selbstlosigkeit von allen Seiten anerkannt wurde, konnte nicht verhindern, daß Rußland über das Kongreßergebnis enttäuscht war. Die Folge war der „Ohrfeigenbrief" des Zaren Alexander II. an Kaiser Wilhelm I. im August 1879, der im Oktober jenes Jahres den Zweibund zwischen Deutschland und Österreich-Ungarn zur Folge hatte, die erste jener politischen Konstellationen, aus denen der erste Weltkrieg entstand. Die deutsche Föderation von 1815 war von Bismarck nach der preußischen Seite hin verlängert worden, nachdem Österreich-Ungarn 1866 mit seinen deutschen Bestandteilen aus dem Deutschen Bund ausgeschieden war. Der Preuße Bismarck hat einen deutschen Nationalstaat weder erstrebt noch erreicht. Das Bismarcksche Reich war ein Bundesstaat mit einem weitgehenden Partikularismus, das Gegenteil von dem Staat, der den Revolutionären von 1848 vorschwebte. Erst der Nationalsozialismus hat daraus den zentralistischen Machtstaat gemacht, der das Eigenleben der Länder erstickte.

Das unübersehbare Anzeichen dafür, daß der historische Nationalstaat mit den Bedürfnissen und Aufgaben der modernen Massengesellschaft nicht mehr übereinstimmt, ist das Aufkommen der totalitären Diktaturen während des ersten Weltkrieges und in seinem unmittelbaren Anschluß. Diese Diktaturen sind der Ausdruck für den Übergang von der nationalen zur abstrakten Ideologie. Die Massengesellschaft ist nämlich nicht identisch mit der Herrschaft der Demokratie und des allgemeinen Stimmrechts; denn das allgemeine Stimmrecht gibt der Masse nicht das Recht zu entscheiden, sondern der Entscheidung der einen oder anderen freien Elite zuzustimmen. Es genügt nicht, die Ansteckung der revolutionären Idee als Erklärung anzuführen: in den genannten Ländern war die Notwendigkeit einer Änderung vorhanden, weil die gebräuchlichen Herrschafts- und Regierungsformen nur noch teilweise imstande waren, Ordnung und Gerechtigkeit zu garantieren. Es ist bezeichnend, daß die totalitären Systeme auch ihre wildesten und unmenschlichsten Auswüchse gerade mit der Notwendigkeit der Wiederherstellung dieser beiden Grundprinzipien begründeten, soweit eine Begründung ihnen überhaupt notwendig erschien.

Wenn die Verwandlung der europäischen Welt mit der französsichen Revolution begonnen hat, die mit der Gleichsetzung von Volk und Staat den modernen Nationalismus schuf, so brachte die russische Oktoberrevolution die Weiterentwicklung des Prinzips im Sinne der Auflösung und Unterminierung der nationalen Staatswesen durch die übernationale kommunistische Ideologie. Der erste Weltkrieg war bei seinem Ausbruch im Bewußtsein der beteiligten Völker ein nationaler Krieg, wo es um nationale Ehre, Freiheit und Vaterland ging; bei seinem Ende war er bereits ein europäischer Bürgerkrieg geworden, der sich auch nach Friedensschluß in Frankreich, Italien und Deutschland in bürgerkriegsähnlichen Vorgängen fortsetzte. Der zweite Weltkrieg zeigte früher als der erste seinen bürgerkriegsartigen Charakter. Die inzwischen eingetretene soziale Nivellierung und technische Vereinheitlichung führen den „totalen Staat" mit zwingender Logik in den „totalen Krieg". Er sollte notgedrungen die letzten Unterschiede aus einer tausendjährigen individualistischen Vergangenheit ausmerzen und den Massenmenschen zu einem mühelos zu handhabenden Organ der technischen Entwicklung machen.

(Nach einem Artikel im „Bulletin" der Bundesregierung vom 4. 5. 1957)

180. Wesensmerkmale des spanischen Theaters

Wie das französische Theater sein Gepräge von einer höfischen Gesellschaft empfing, so verdankt das spanische Theater sein Gesicht dem Volk. Aus dem Wunsch nach einer geistigen Abgrenzung gegen den Orient hat Griechenland Homer, die Philosophen und die Tragiker hervorgebracht; Spanien verdankt diesem Wunsch seine „cantares de gesta", seine Romanzen und Heldenepen und schließlich auch Tirso, Lope und Calderón.

Die Anfänge des spanischen Nationaltheaters fallen in die Regierungszeit Isabellas von Kastilien. Sie weisen in die Richtung des neoklassischen Theaters (Villalobos, Virués, Pérez de Oliva), andere wieder deuten auf das lyrische Theater hin (Gil Vicente), oder auf das realistische und satirische Zeitstück (Torres Naharro). Von all diesen Ansätzen erfährt allein Juan de la Cueva mit seinem „El Cerco de Zamora" als Schöpfer eines heroischen, nationalen Stils eine Fortsetzung.

Spaniens Stellung in der Gegenreformation ist konservativ und gilt der Verteidigung des Glaubens. Eine starke Neigung zur Selbstkritik, die sich in der Gestalt Don Quijotes auf klassische Weise äußert, hat am Stil des Theaters wesentlich mitgeformt. Dieses Theater stellt in Spanien den ruhenden Pol dar, der die Aufgabe hat, das Vertrauen zum Volk und zur Nation zu verkörpern.

Das „Siglo de Oro" führt die Konsolidierung des nationalen Theaters herbei. Darin stellt das Volk sozusagen sich selbst auf die Bühne. Dabei kommt es nicht auf Originalität an. Die verschiedenen Fassungen der Stücke dieser Zeit gehen darauf zurück, daß die Schauspieler aus dem Stegreif, der Reaktion des Publikums folgend, ihren Text abändern. Viele Stücke haben außer ihrem eigentlichen Titel einen zweiten, der dem Geschmack des Publikums angepaßt ist. Ebenso stammt die Einteilung der Stücke in verschiedene Kategorien, wie die Intrigen- und Sittenkomödien, „comedias de enredo", „comedias de capa y espada", „comedias de aparato y ruido", „comedias de santos", „comedias de figurón", vom Volk.

Die Stücke Lope de Vegas sind keine Problemstücke. Stoff und Handlung darin sind dem wirklichen Leben entnommen. Es gibt keine sozialen und familiären Probleme, sondern nur Tatsachen, die der Dichter nicht zu kritisieren, sondern darzustellen versucht, wie sie sind. Was im griechischen Theater der Chor, ist im spanischen der „gracioso", der Hanswurst, der als Vertreter der großen Mehrheit ausspricht, was alle denken.

Das 18. Jahrhundert führt die Auseinandersetzung zwischen dem nationalen, heroischen Theater und den neuen, bürgerlichen Ausdrucksformen herbei: Leandro Moratín gilt als der Wegbereiter des kritischen Zeitstücks in Prosa. Ein romantisches Theater zeichnet sich ab, und die metaphernreiche, emphatische Sprache, die bisher gepflegt wurde, wird mehr und mehr von der Bühne verbannt. Allen diesen Neuerungen aber geht bereits ein Wandel im Bewußtsein sowie in der sozialen Ordnung voraus.

Auch im 19. Jahrhundert bewahrt das spanische Theater seinen rezeptiven Charakter. Es bleibt ein Organ des Volkes, von dem es seinen Ausgang genommen hat. In der gegenwärtigen Situation stellen die vielfältigen Einströmungen aus Amerika und Europa den spanischen Bühnenschriftsteller vor die Aufgabe, Gegenwart und Vergangenheit zu einer neuen Begegnung zu bringen. Auch in Spanien macht das Theater einen Läuterungsprozeß durch, nachdem es eine Reihe seiner bisherigen Aufgaben an Kino und Presse abgetreten hat. Eine Wiedergeburt des Theaters aus dem Geist der Dichtung scheint bevorzustehen. In Jacinto Benavente besitzt das spanische Theater der Gegenwart einen hervorragenden Vertreter. Neben ihm läßt

Federico García Lorca in seinem großen poetischen Theater auch die alte Romanze wieder aufleben. Der Einfluß der modernen Philosophie und ihrer Bewußtseinsinhalte kann eine Loslösung des spanischen Theaters von der Tradition mit sich bringen. Auch diesen Abweg zu überwinden, das Maß zu bewahren und den Konflikt in eine Harmonie überzuführen wird die vornehmste Aufgabe des modernen spanischen Theaters sein.

(Zusammenfassung eines im Spanischen Kulturinstitut München gehaltenen Vortrages von Don José Maria Pemán)

181. Der Ausbruch des zweiten Weltkrieges, in Berlin erlebt

Am Sonntag, den 3. September 1939, war ich infolge der anstrengenden Tage, die hinter mir lagen, zu Hause so spät aufgewacht, daß ich nur mit Hilfe eines Taxis das Auswärtige Amt erreichte. Ich konnte gerade noch sehen, wie Henderson durch den historischen Eingang in der Wilhelmstraße 76 das Haus betrat, als ich über den Wilhelmplatz fuhr. Ich benutzte einen Nebeneingang und stand pünktlich um 9 Uhr in Ribbentrops Arbeitszimmer zum Empfang Hendersons bereit. Auf die Minute genau meldete ihn der Amtsdiener. Er betrat das Zimmer mit einem sehr ernsten Gesicht, reichte mir die Hand, nahm aber auf meine Aufforderung nicht an dem kleinen Tisch in der Ecke des Zimmers Platz, sondern blieb feierlich mitten im Raum stehen. „Ich muß Ihnen leider im Auftrage meiner Regierung ein Ultimatum an die deutsche Regierung überreichen", begann er mit bewegter Stimme und verlas dann, während wir uns gegenüberstanden, das bekannte Dokument der britischen Regierung. „Über 24 Stunden sind vergangen, seit eine sofortige Antwort auf die Warnung vom 1. September erbeten worden ist und seitdem die Angriffe gegen Polen intensiviert worden sind. Wenn die Regierung Seiner Majestät nicht vor 11 Uhr britischer Sommerzeit befriedigende Zusicherungen über die Einstellung aller Angriffshandlungen gegen Polen und die Zurückziehung der deutschen Truppen aus diesem Lande erhalten hat, so besteht von diesem Zeitpunkt ab der Kriegszustand zwischen Großbritannien und Deutschland."

Nach diesen Worten überreichte mir Henderson das folgenschwere Dokument und verabschiedete sich von mir. „Es tut mir aufrichtig leid", sagte er zu mir, „daß ich gerade Ihnen ein solches Dokument übergeben muß, denn Sie sind stets sehr hilfsbereit gewesen." Ich drückte auch meinerseits mein Bedauern aus und richtete noch einige von Herzen kommende Abschiedsworte an den englischen Botschafter, den ich, wie gesagt, immer außerordentlich geschätzt hatte.

Dann begab ich mich mit dem Ultimatum in der Aktentasche in die Reichskanzlei, wo alles voller Spannung auf mein Kommen wartete. In dem Raum vor Hitlers Arbeitszimmer waren die meisten Kabinettsmitglieder und prominente Parteileute versammelt. Es herrschte ein ziemlich starkes Gedränge, so daß ich einige Mühe hatte, zu Hitler vorzudringen. „Was gibt es denn Neues?", fragten mich mehrere etwas ängstlich klingende Stimmen. Ich entgegnete nur achselzuckend: „Die Schule fällt aus!" und betrat das danebenliegende Zimmer, in dem Hitler an seinem Arbeitstisch saß, während Ribbentrop etwas rechts von ihm am Fenster stand. Beide blickten gespannt auf, als sie mich sahen. Ich blieb in einiger Entfernung vor Hitlers Tisch stehen und übersetzte ihm dann langsam das Ultimatum der britischen Regierung. Als ich geendet hatte, herrschte völlige Stille, genauso wie nach dem Paukenschlag in der Nacht von Godesberg.

Wie versteinert saß Hitler da und blickte vor sich hin. Er war nicht fassungslos, wie es später behauptet wurde, er tobte auch nicht, wie es wieder andere wissen wollten. Er saß völlig still und regungslos an seinem Platz. Nach einer Weile, die mir wie eine Ewigkeit vorkam, wandte er sich Ribbentrop zu, der wie erstarrt am Fenster stehengeblieben war. „Was nun?" fragte Hitler seinen Außenminister mit einem wütenden Blick in den Augen, als wollte er zum Ausdruck bringen, daß ihn Ribbentrop über die Reaktion der Engländer falsch informiert habe. Ribbentrop erwiderte mit leiser Stimme: „Ich nehme an, daß die Franzosen uns in der nächsten Stunde ein gleichlautendes Ultimatum überreichen werden."

Da meine Aufgabe nun erledigt war, zog ich mich zurück und sagte den draußen im Vorzimmer Wartenden, die mich umdrängten: „Die Engländer haben uns soeben ein Ultimatum überreicht. In zwei Stunden besteht zwischen England und Deutschland Kriegszustand." Auch hier im Vorraum herrschte bei dieser Ankündigung Totenstille. Göring drehte sich zu mir um und sagte: „Wenn wir diesen Krieg verlieren, dann möge uns der Himmel gnädig sein." Goebbels stand in einer Ecke, niedergeschlagen und in sich gekehrt, und sah buchstäblich aus wie der bewußte begossene Pudel. Überall sah ich betretene Gesichter, auch bei den kleineren Parteileuten, die sich im Raum befanden. — Coulondre übergab kurz danach Ribbentrop ein auf 5 Uhr nachmittags befristetes Ultimatum gleichen Inhalts.

(Aus Dr. Paul Schmidt, Statist auf diplomatischer Bühne, Bonn, 1949)

182. Südamerika

Südamerika, mit seiner Landschaft, seinen Menschen, seinem Klima, ist ein Kontinent von solch verwirrender Vielfalt, daß man, wollte man ihn in seiner Ganzheit erfassen und überblicken, in unirdische Höhen aufsteigen müßte. Dem Reisenden aber, der ihn durchstreift, bieten sich Einzelheiten, jede so ungeheuer stark, daß sie imstande ist, Erinnerungen an kurz zuvor Geschautes mit einem Schlage auszulöschen, und einen gänzlich in ihren gegenwärtigen Bann zieht. Wem es etwa vergönnt war, gestern noch die im fernen Dunst sich verlierenden Weiten der Pampas zu erleben, wer dort den endlosen Zug unzähliger schwarzer, dampfender Tierleiber neuen Weidegründen zustreben sah, vielleicht abends an einem Lagerfeuer der Gauchos saß, während die Sonne in zartem Pastellrot ihren Abschiedsgruß auf den azurblauen Himmel malte, der mochte glauben, was er jetzt empfand, würde für immer in ihm lebendig bleiben. Jedoch zerronnen in nichts ist dieser Eindruck, wenn ihn heute eine der lauten, lärmenden, von unbeschreiblicher Vitalität erfüllten modernen Großstädte in ihre Arme nimmt und die Gefühle beim Anblick des Dargebotenen jeden Nerv berühren. Wer heute noch mühsam nach neuen Superlativen für Brasilien, Rio de Janeiro oder São Paulo suchte, wird sie morgen, wenn ihn vielleicht ein Flugzeug über die Iguacu-Fälle trägt, alle dort anwenden müssen. Ein Kaleidoskop wechselnder, betörender Szenerien – das ist Südamerika.

Zu einer Zeit, da Nordamerika noch nicht berufen war, auf dem Schauplatz der Weltgeschichte mitzuagieren, stand Südamerika bereits im Brennpunkt europäischer Interessen. Kolumbus hatte mit seinen Fahrten einen neuen Heldengeist geweckt. Gold, Land, die Aussicht, Reichtum und gleichzeitig Ruhmeslorbeeren zu ernten, lockten; Rückschläge und Unglücksfälle schreckten nicht ab. 1510 befuhr einer der Gefährten des Kolumbus, Alonso de Hojeda, auf mehreren Reisen die Nordküste Südamerikas bis zum Golf von Darien. Er gründete eine Kolonie, die freilich bald dem Untergang geweiht war: die Ansiedler erlagen dem Fieber und den Angriffen der Eingeborenen. 1516 erreichte Dias de Solis, an der brasilianischen Küste südwärts steuernd, die Mündung des La Plata, wurde aber, als er das Land betrat, von den Eingeborenen erschlagen. Doch selbst diese grausamen Schicksale hinderten den in spanische Dienste getretenen Portugiesen Fernão Magellan nicht, den Spuren de Solis' zu folgen, fest entschlossen, die südliche Durchfahrt nach dem noch unbenannten, aber von Vasco Nuez de Balboa nach Überschreitung der Landenge von Panama bereits für die spanische Krone in „Besitz genommenen" Stillen Ozean zu finden. Im Herbst 1519 schiffte Magellan sich ein. Nachdem er mehrere Punkte an der südamerikanischen Küste angelaufen hatte, überwinterte er in einer geschützten Bucht. Bei Streifzügen ins Landesinnere stießen Magellans Leute auf eingeborene Indianer, an denen ihnen vor allem eine unförmige Fußbekleidung auffiel; sie nannten sie „Patagonier", was im Portugiesischen soviel wie „Großpfoten" heißt — eine nicht gerade schmeichelhafte Bezeichnung, mit welcher Patagonien und die Patagonier sich aber bis auf den heutigen Tag abzufinden wußten. Im Frühjahr 1520 setzte Magellan die Fahrt fort und erreichte nach manchen Zwischenfällen im Oktober eine tiefeinschneidende Förde, die sich dann tatsächlich als die gesuchte Durchfahrt nach dem Westen erwies. So steuerte Magellan durch die später nach ihm benannte Meeresstraße, hindurch zwischen den hohen eisbedeckten Bergen der Südspitze Amerikas und Feuerlands und gelangte in den Ozean, welchen er den „Stillen" nannte, weil — aber das konnte er nicht wissen — gerade an diesem Tag die sonst um das Kap Horn heulenden Zyklone ausnahmsweise eine Atempause eingelegt hatten.

Die wahre Natur und Form des neu entdeckten Erdteils war nun erkannt. Freilich bedurfte es noch vieler abenteuerlicher Expeditionen, um den Schleier der Geheimnisse zu lüften, der über dem fremden Erdteil lag, und gänzlich ist dies bis in unsere Tage nicht gelungen, denn vom Feuerland bis zum Äquator gibt es noch immer Flecken, die keines Weißen, vielleicht überhaupt keines Menschen Fuß je betreten hat.

Im Gebiet des heutigen Brasilien setzten sich ab 1500 die Portugiesen fest. Im Gegensatz zu den Spaniern, die in Chile und Peru nur auf die enormen Goldschätze aus waren und dabei hochentwickelte Kulturen vernichteten, gingen die Portugiesen nach einer kurzen Periode der Ausbeutung und Unterdrückung der eingeborenen Indianer bald zur Erschließung und Kolonisierung des Landes über. Um die riesigen tropischen Pflanzungen bewirtschaften zu können, wurden afrikanische Negersklaven eingeführt, und bald war es möglich, von der Ostküste Südamerikas aus die europäischen Märkte mit den Erzeugnissen des Landes zu bereichern.

Angeführt von Simon Bolivar und José de San Martin, begannen sich 1810 die Kreolen, das sind die in Lateinamerika geborenen Weißen, gegen die Abhängigkeit vom Mutterland zu erheben und erfochten in langen und blutigen Kämpfen die Freiheit. 1822 riß sich Brasilien von Portugal los, während sich auf den von Spanien beherrschten Gebieten neun selbständige Freistaaten bildeten. Trotz heftiger, immer wieder aufflackernder Partei- und Rassenkämpfe erlebten in der nun folgenden Zeit besonders Argentinien, Chile und Brasilien einen großen wirtschaftlichen Aufschwung.

(Aus Kurt Peter Karfeld, Südamerika. Vom Feuerland bis zum Äquator, Karfeld Verlag, Flensburg, o. J.)

183. Der Beginn des deutschen Wirtschaftswunders

Wenn die Währungsreform die Initialzündung darstellte, so wurde das Wagnis der „Sozialen Marktwirtschaft" — einer Wortbildung, in der vorderhand die Betonung auf „Marktwirtschaft", auf eine liberale Wirtschaftspolitik also, zu legen war — zur fortwirkenden Antriebskraft dessen, was man heute — neidisch oder auch überheblich — als das „Deutsche Wirtschaftswunder" bezeichnet. Es ist das unbestreitbare Verdienst eines Mannes, des heutigen Bundeswirtschaftsministers und Vizekanzlers Prof. Dr. Ludwig Erhard, daß er an die schöpferische Kraft des frei wirtschaftenden Menschen glaubte.

Den Wahrheitsbeweis gegenüber seinen planwirtschaftlichen Kritikern kann Erhard — dieser Vorgriff in die Gegenwart sei gestattet — mit wenigen Zahlen antreten. In der Zeit von 1949 bis 1958 hat sich der Außenhandelsumsatz der Bundesrepublik von 12 Milliarden Mark auf 68 Milliarden erhöht. Aus einem Einfuhrüberschuß von über 3,7 Milliarden Mark wurde ein Ausfuhrüberschuß von weit über 5 Milliarden Mark. In dieser Zeit hat sich die Arbeitslosenzahl auf ein Minimum verringert, die Zahl der offenen Stellen ist ebenso gewachsen wie das Volkseinkommen, das im Jahre 1950 74,5 Milliarden, im Jahre 1959 aber schon 178 Milliarden Mark betrug. Die Industrieproduktion hat sich im Jahre 1959 auf 246 Prozent des Standes von 1936 vergrößert (1950 = 110 Prozent). Auch im internationalen Maßstab hält die Bundesrepublik die Spitze vor allen anderen Ländern.

Der 1897 in Fürth (Bayern) geborene Professor Ludwig Erhard gehört seit den Tagen, als ihn die Amerikaner zur Vorbereitung der Währungsreform in die Zweizonen-Verwaltung nach Frankfurt beriefen, zu den beachteten Erscheinungen der deutschen Politik. Mit einem sanguinischen Temperament voll „realistischem Idealismus", den er auch vom Staatsbürger fordert, hat es der erst spät zur Politik gestoßene Wirtschaftswissenschaftler fertiggebracht, der Bundesrepublik mit seiner gegen schwere Widerstände durchgesetzten „Sozialen Marktwirtschaft" einen ungeahnten wirtschaftlichen Wiederaufschwung zu ermöglichen. Seine „Soziale Marktwirtschaft" wurde geradezu zum Gütezeichen des neuen Staates. Er hatte den Mut, auf liberale Wirtschaftsgesetze in einer Zeit zu bauen, als andere sonst freiwirtschaftlich denkende Geister in der Planwirtschaft den einzigen Ausweg aus der grenzenlosen Not sahen.

Erhard, seit 1949 Bundeswirtschaftsminister, hatte schon im Jahre 1948 seine Grundanschauung formuliert: „Nicht in der Nivellierung des Mangels, sondern in der gerechten Verteilung eines allmählich wachsenden Wohlstandes muß das Heil gesucht werden." Um diesen Wohlstand zu entwickeln, suchte er größere Wirtschaftsräume zu begünstigen (daher hat er stets der weitreichenden Freihandelszone den Vorzug gegenüber der kleineren „Europäischen Wirtschaftsgemeinschaft" gegeben), die Geldwirtschaft zu liberalisieren und die Hemmungen für einen freien Wettbewerb zu beseitigen. In diesem Sinne hat sich der Freund der freien Unternehmer auch gegen die Unternehmer gestellt, wenn sie ihre Verpflichtung dem Allgemeinwohl gegenüber vergaßen. Er hat sich gegen eine überstarke Machtkonzentration in der Wirtschaft ausgesprochen und zumindest einen teilweisen Erfolg mit seinem Kartellgesetz erreicht, mit dem wettbewerbshindernde Absprachen unterbunden werden sollen. Im Kampf mit den Interessentenverbänden da und dort unterlegen, hat er doch von seinen Überzeugungen kein Jota geopfert.

Von seiner Aufgabe, die „deutsche Wirtschaft" in Gang zu bringen und zu erhalten, zehn Jahre in Anspruch genommen, hat Erhard doch nie vergessen, daß materieller Wohlstand allein für den Bestand des Staates nicht genügt, die Zufriedenheit des Bürgers nicht sicherstellt. Auf dem Parteitag 1960 der CDU in Karlsruhe sagte Erhard: „Die Wirtschaftspolitik wird im Empfinden eines Volkes eine um so stärkere Resonanz finden, je besser sie vermag, über die Erfüllung ihrer engeren Aufgaben hinaus zugleich eine zwingende Antwort auf die geistig-seelischen Anliegen einer Zeit zu geben."

(Nach Paul Noack, Deutschland von 1945—1960, Günter Olzog Verlag, München, 1960)

184. Die Beurteilung der jüngsten Vergangenheit

Bei der Beurteilung des jüngsten Zeitabschnittes unserer Epoche spielen vielfach noch subjektive Erfahrungen und politische Gesichtspunkte eine verwirrende Rolle. Viele behaupten zum Beispiel, alles Unheil sei nur darum über Europa hereingebrochen, weil „die Deutschen" von jeher einem blinden Autoritätsglauben gehuldigt und so auch die verhängnisvollen Ansichten und Bestrebungen Hitlers unterstützt hätten. Andere betrachten die Machtergreifung des Nationalsozialismus mehr als eine Art Betriebsunfall der parlamentarischen Demokratie, den man bestimmten Männern und Institutionen zur Last legen müsse. Wieder einige führen das entstandene Chaos auf die Weltwirtschaftskrise und auf Versailles zurück. Aber keine dieser Theorien gibt ein glaubwürdiges Bild der Wirklichkeit.

Es wird vor unseren Augen erst dann erscheinen, wenn die Tiefenperspektive der letzten Jahrzehnte durchforscht ist. Solange dies nicht gelingt, können wir nur festhalten, daß der Nationalsozialismus bei seinem Versuch, eine angemessene Daseinsform für die moderne Massengesellschaft zu finden, scheiterte und das entstandene Vakuum den Bolschewiken und den

Amerikanern überließ. Die Alte Welt ist dadurch an den Rand des Abgrundes geraten. Doch die ungelöste Aufgabe des gegenwärtigen Zeitalters bleibt bestehen. Europa muß sich weiterhin um einen angemessenen Ausgleich zwischen dem Sachzwang seiner technischen Zivilisation und der freien Selbstbestimmung des Menschen bemühen.

(Aus H. G. Dahms, Kleine Geschichte Europas im 20. Jahrhundert, Ullstein Bücher, Berlin, 1958)

185. Die Unterredung Hitlers mit Marschall Pétain in Montoire

Trotz seines hohen Alters gerade aufgerichtet, saß der Marschall in einer schlichten Uniform Hitler gegenüber. Seine Haltung war eher selbstbewußt als unterwürfig. Mit kühler Gelassenheit hörte er meiner Übersetzung zu. Ich sprach ziemlich laut, weil mir jemand gesagt hatte, der Marschall sei schwerhörig. Neben ihm saß als lebender Gegensatz der kleine, dunkle Laval mit der unvermeidlichen weißen Krawatte und blickte abwechselnd Hitler und Ribbentrop forschend an, während ich übersetzte.

Zunächst war auch dieses Gespräch wieder ein „Eisenbahnmonolog". Hitler hielt den Franzosen ein längeres Sündenregister vor, ohne allerdings dabei irgendwie scharf oder ausfallend zu werden.

„Wir haben den Krieg bereits gewonnen", wiederholte Hitler seine Erklärung von Hendaye, „England ist geschlagen und wird es über kurz oder lang eingestehen müssen." Dann fuhr er fort: „Es ist klar, daß irgend jemand die Kosten für den verlorenen Krieg tragen muß. Das wird entweder Frankreich oder England sein. Wenn England die Kosten trägt, dann kann Frankreich in Europa ‚den ihm gebührenden Platz' einnehmen und seine Stellung als Kolonialmacht völlig beibehalten." Dazu sei aber nötig, daß Frankreich sein Kolonialreich auch jetzt gegen alle Angriffe schütze und die abgefallenen Kolonien in Zentralafrika von de Gaulle wieder zurückerobere. Eine indirekte Aufforderung, sich am Kampf gegen England zu beteiligen, richtete Hitler an Pétain mit der Frage, was Frankreich zu tun gedenke, wenn es weiterhin von England angegriffen werde, wie z. B. die französischen Kriegsschiffe bei Oran, als sie sich weigerten, den Weisungen der englischen Flotteneinheiten zu folgen.

Pétain hatte sofort verstanden, was gemeint war, denn er erwiderte, daß Frankreich nicht in der Lage sei, einen neuen Krieg zu führen. Er stellte Hitler die Gegenfrage nach einem endgültigen Friedensvertrag, „damit Frankreich über sein Schicksal klar sieht und die 2 Millionen französischen Kriegsgefangenen so bald wie möglich wieder zu ihren Familien zurückkehren können."

Jetzt mischte sich auch Laval in das Gespräch und wies auf die Bereitwilligkeit hin, mit der Frankreich auf anderen als rein militärischen Gebieten der Aufforderung Deutschlands nach Zusammenarbeit nachgekommen sei. Das französische Volk sei friedliebend. Es sei nur ungern in den Krieg gezogen und habe, wie aus der hohen Gefangenenzahl hervorgehe, überhaupt nicht richtig gekämpft.

Hitler beantwortete die Fragen nicht, die Pétain und Laval naturgemäß am wichtigsten erscheinen mußten, und die Franzosen gingen mit keinem Wort auf die Andeutungen Hitlers wegen eines Kriegseintritts gegen England ein. Der große Wurf, den Hitler vorgehabt hatte, war an der Vorsicht und Zurückhaltung Pétains und Lavals gescheitert. Pétain hatte uns bei dieser Unterredung durch seine Einsilbigkeit und Wortkargheit deutlich die kalte Schulter gezeigt, und auch mit Laval war in Montoire kein Fortschritt erzielt worden.

(Aus Dr. Paul Schmidt, Statist auf diplomatischer Bühne, Bonn, 1949)

186. Die Vereinten Nationen

Als der im letzten Jahrzehnt seines Bestehens in seinem Ansehen endgültig erschütterte Völkerbund am 18. April 1946 seine Auflösung beschloß, bestand bereits die Organisation der Vereinten Nationen (United Nations — UN). Sie verdankt ihre Entstehung ebenfalls vor allem der Initiative eines Präsidenten der USA. Am 14. August 1941 unterzeichneten Franklin D. Roosevelt und Winston Churchill die Atlantik-Charta, in welcher sie u. a. ihren Glauben zum Ausdruck brachten, „daß alle Völker der Erde, aus realistischen sowohl wie geistigen Gründen, dazu kommen müssen, die Anwendung von Gewalt aufzugeben", und in welcher von dem Aufbau eines „erweiterten und ständigen Systems der allgemeinen Sicherheit" die Rede ist. Die Bezeichnung „Vereinte Nationen" findet sich zum ersten Male in der von 26 Staaten unterzeichneten Erklärung vom 1. Januar 1942, in der die Grundsätze der Atlantik-Charta anerkannt werden. Die 111 Artikel und nicht nur wie die Völkerbundssatzung 26 Artikel enthaltende Satzung der Vereinten Nationen, der ein bereits 1944 von Vertretern der USA, Englands, der Sowjetunion und Chinas ausgearbeiteter Entwurf zugrunde lag, wurde am 26. Juni 1945 von den Vertretern von 50 Staaten in San Franzisko unterzeichnet.

Die Organisation der UN beruht nach der Charta (Art. 2) auf dem Grundsatz „der souveränen Gleichheit aller ihrer Mitglieder". „Alle Mitglieder sollen ihre internationalen Streitigkeiten durch friedliche Mittel in der Weise regeln, daß der internationale Frieden und die internationale

Sicherheit sowie die Gerechtigkeit nicht gefährdet werden", und sie sollen sich „in ihren internationalen Beziehungen der Drohung mit Gewalt oder der Anwendung von Gewalt, die sich gegen die territoriale Unverletzlichkeit oder politische Unabhängigkeit irgendeines Staates richtet oder in sonstiger Weise mit den Zielen der Vereinten Nationen unvereinbar ist, enthalten". Außerdem sollen sie „den Vereinten Nationen bei allen Maßnahmen, die diese im Einklang mit der vorliegenden Satzung ergreifen, jeglichen Beistand gewähren und sich der Unterstützung jedes Staates enthalten, gegen den die Vereinten Nationen vorläufige oder Zwangsmaßnahmen zur Anwendung bringen." Die Völkerbundssatzung enthielt dagegen nur relative Kriegsverbote. Keine Bestimmung der Satzung der Vereinten Nationen soll allerdings „das unveräußerliche Recht auf individuelle oder kollektive Selbstverteidigung beeinträchtigen, falls ein Mitglied der Vereinten Nationen Gegenstand eines bewaffneten Angriffs geworden ist, bis der Sicherheitsrat die zur Aufrechterhaltung des internationalen Friedens und der internationalen Sicherheit notwendigen Maßnahmen ergriffen hat" (Art. 51).

Wie der Völkerbund sind aber auch die Vereinten Nationen eine Vereinigung souveräner Staaten, die nicht auf eine bestimmte Anzahl von Mitgliedern beschränkt ist. Nach Artikel 2 Abs. 7 der Charta, die übrigens anders als die Völkerbundssatzung keine Bestimmung über den Austritt enthält, soll keine ihrer Bestimmungen „den Vereinten Nationen das Recht geben, sich in Angelegenheiten, die im wesentlichen zur inneren Zuständigkeit eines Staates gehören (which are essentially within the domestic jurisdiction of any state), einzumischen, noch die Mitglieder verpflichten, derartige Angelegenheiten einer Regelung nach dem in der vorliegenden Satzung vorgesehenen Verfahren zu unterwerfen". Es heißt dann allerdings weiter: „Doch soll durch diesen Grundsatz die Anwendung der in Kapitel VII vorgesehenen Zwangsmaßnahmen in keiner Weise beeinträchtigt werden." Die Souveränität der Mitgliedsstaaten unterliegt einer Einschränkung, und diese ist weitgehender als die in der Völkerbundssatzung vorgesehene. Der Sicherheitsrat der Vereinten Nationen kann bei Friedensbedrohungen, Friedensbrüchen und Angriffshandlungen Maßnahmen beschließen — von ihnen handelt das genannte VII. Kapitel —, und seine Entscheidungen sind gemäß Artikel 48 in Verbindung mit den Artikeln 24 und 25 für alle Mitglieder der Vereinten Nationen bindend. Der Völkerbundsrat konnte dahingegen nur Empfehlungen geben.

(Aus Franz Ernst, Grundlagen der politischen Gegenwartskunde, Neue Deutsche Schule Verlagsgesellschaft m. b. H., Essen, 1955)

187. Wie Herr von Knigge zu seiner Braut kam,

ist übrigens eine originelle Geschichte, die hier erzählt zu werden verdient: „Knigge war von 1772 bis 1777 Hofjunker und Assessor bei der Kriegs- und Domänenkammer in Kassel. Nun hatte die Landgräfin Philippine eine Hofdame, Henriette von Baumbach, die ein wenig beschränkt und nicht sehr schlagfertig war. Diese erkor der geistreiche Knigge zur Zielscheibe seines übersprudelnden Witzes und brachte das arme Mädchen dadurch in tödliche Verlegenheit. Darüber war die Landgräfin, deren Liebling die Baumbach war, ärgerlich, und sie beschloß, den Neckereien ein Ende zu machen. Als eines Tages Knigge die Hofdame wieder einmal hänselte und aufzog, trat die Landgräfin auf ihn zu und sagte: „Ich habe oft schon bemerkt, daß Sie meine liebe Baumbach vor den übrigen Damen bevorzugen und sich nur mit ihr beschäftigen. Ich will Ihnen dazu verhelfen, daß Sie endlich einmal sich öffentlich erklären, da Ihre Absichten gewiß ernsthaft und redlich sind." Jetzt war es Knigge, der in Verlegenheit geriet. Die Landgräfin aber ergriff seine und der Baumbach Hand und sprach laut: „Meine Damen und Herren, ich freue mich, Ihnen ein glückliches Brautpaar vorstellen zu können. Herr v. Knigge hat sich soeben mit Fräulein von Baumbach verlobt." Das glückliche Brautpaar war wie vom Donner gerührt, aber gegen die öffentlich abgegebene Erklärung der Landesmutter gab es keine Widerrede, acht Tage darauf war Knigge mit der Baumbach vermählt, mit der er übrigens glücklich lebte.

Heute gibt es keine Landgräfinnen mehr, die zur Ehe kommandieren können. Es gibt kaum noch Väter mit unbeschränkter Macht. Heute beschließen junge Menschen fast immer ganz allein, ob sie sich heiraten wollen. Sie lernen sich erst kennen und dann lieben. Die „Liebe auf den ersten Blick" ist ein Ausnahmefall geworden. Vielleicht ist er es immer gewesen. Jedenfalls, wo früher die Eltern mit Vernunft erwogen und entschieden, erwägen und entscheiden die Jungen heute selbst. Ob immer mit Vernunft, kann man nicht sagen. Die Eltern haben sich mit der bescheidenen Rolle des Ratens und Warnens begnügen gelernt. Wenigstens ist das im allgemeinen so. Wahrscheinlich ist es auch ganz gut so, denn alle Erfahrungen muß der Mensch selbst machen. Meist kommen sie dann noch zu spät und nützen nicht mehr viel. Ein alternder Tenor sagte mit resignierendem Humor: Wenn man den Tristan ohne Kapellmeister singen kann, ist die Stimme kaputt! Vielleicht denkt das junge Paar später einmal: Wenn man damals gewußt hätte, was man heute weiß, hätte man eine ideale Ehe geführt oder — nicht geheiratet. Immerhin kann es nicht schaden, wenn das Mädchen bedenkt, was die Eltern meinen, und wenn der junge Mann sich im Elternhaus des Mädchens umsieht.

Im übrigen gelten für ein Brautpaar alle Regeln, die für alle Liebenden gelten: Man soll mehr an den andern denken, als an sich selbst. Man soll ihn respektieren. Man braucht seine Liebe nicht zu verbergen, aber man braucht sich auch nicht geschmacklos zu benehmen. Man soll taktvoll sein und sich bemühen, den anderen zu verstehen; man soll ihm Freude machen, wenn man kann, aber man soll ihm schenken, was ihm Spaß macht, nicht was einem selbst gefällt. Man soll ihn lieben und es ihm zeigen. Aber man soll die Stimme der Vernunft nie ganz vergessen! Dann wird man glücklich sein und es hoffentlich auch bleiben.

(Aus „Der moderne Knigge", Bearbeitung durch Kurt von Weißenfeld, Berlin)

188. Die Camargue, der romantische Traum der Rhône

Weil sich die Wasser so zahm durch das Wallis bewegen und weder bei Genf noch bei Lyon oder sonst einem Punkte ihrer Wanderschaft den geruhsamen Lauf durch Kaskaden, Stromschnellen und übermütige Wirbel in Verwirrung bringen, werden Sie glauben, daß die Rhône ein braver und vollkommen unromantischer Fluß sei. Ihr selber mag das ebenfalls so vorgekommen sein, da sie sich kurz vor ihrer Vereinigung mit dem Meere noch eine Welt geschaffen hat, die in Europa kaum noch ihresgleichen besitzt. Die Camargue ist ohne Zweifel das legitime Kind der Rhône, die sich bei Arles teilt und von dort an in zwei Armen dem Mittelmeer entgegenstrebt. In dem auf diese Weise gebildeten Delta hat der Fluß im Laufe der Jahrhunderte Schlamm und Erde abgelagert und sich einen Traum von Wildheit und Romantik erfüllt, der ihn wohl ständig während seines geruhsamen Laufes zwischen dem Gletsch und Arles beschäftigt haben mag.

La Camargue. Wir schreiten über die einzige Asphaltstraße, die durch dieses Gebiet führt. Der scharfe Mistral weht über uns, das niedere Gras und die kümmerlichen Sträucher zu beiden Seiten des Weges hinweg, trocknet die vom letzten Regen gebliebenen Wassertümpel auf, so daß man beinahe zusehen kann, wie sich der Schlamm in grauen Staub verwandelt. Der Bodennebel verwehrt die weite Sicht, und wir erschrecken ein wenig, als plötzlich ein Reiter sichtbar wird, der in schnellem Galopp auf uns zuhält, bis wir einander nahe genug sind, um zu erkennnen, daß der Reiter ein Mädchen ist mit einer dicken, gefütterten Wetterjacke, Stulpenstiefeln über den Beinen und langen, schwarzen Haaren, die wild und ungebändigt über das Gesicht flattern.

Wirklich: es ist alles anders in der Camargue, diesem romantischen Traum der Rhône. Als es für Frankreich während des zweiten Weltkrieges unmöglich wurde, Reis zu importieren, führte man in Kanälen das süße Wasser der Rhône über die Erde der Camargue und schuf Felder, auf denen guter Reis gedeihen kann. Heute vermag man hier den Bedarf des ganzen Landes zu decken. Und niemand kann bezweifeln, daß durch diese Kultivierung das Leben der Camargue schlechthin gerettet worden ist und daß es ohne sie heute keine Rinderherden, keine Pferde, Schafe und Vögel mehr in diesem Gebiet gäbe. Das Salz war daran, das Rhônedelta zu erobern, sein pflanzliches Leben zu zerstören und damit auch den Tieren die Grundlage ihrer Existenz zu entziehen. Jetzt ist das Salz besiegt und der Reichtum in die Häuser zurückgekehrt, deren Bewohner einmal fast daran waren, in andere Landesgegenden auszuwandern.

Glauben Sie aber nicht, daß die Reisfelder aus der Camargue eine sanfte, nützliche Landschaft gemacht hätten! Da ist noch genügend Platz für die großen Rinderherden und die Gruppen geduldiger Schafe, da können die „Gardians de la Camargue", die Cowboys Europas, noch in wildem Ritt über viele Kilometer unkultivierten Landes galoppieren, und die kleinen, zottigen Pferde können in einer solchen Freiheit aufwachsen, daß sich ihre Zähmung in keiner Weise von einem Rodeo in Texas unterscheidet. Da peitscht der Mistral die Wasser der Seen und läßt das Schilf am Ufer keinen Augenblick zur Ruhe kommen, das Schilf, in dem eine Vogelwelt nistet, wie man sie sonst nirgends mehr auf unserem Kontinent trifft.

Vielleicht werde ich bald wieder einmal in Genf am Ufer der Rhône entlangspazieren, und dann will ich den so braven Fluß bitten, ein paar Grüße auszurichten an das wilde Land der Camargue, an die Gardians, bei denen wir zu Gast waren, und an eine Reiterin mit schwarzen, vom Winde zerzausten Haaren, die an uns vorübergaloppierte. Fast so schnell, wie der Mistral dort über die Wasser reitet.

189. Rede von Staatssekretär Dr. Westrick zum 10. Jahrestag der Gründung der Montanunion

(Auszug)

In einer Zeit, da die Völker und die Menschen der Erde von Sorge um die Erhaltung des Friedens in der Welt beunruhigt und tief bewegt sind, gedenken wir voll Dankbarkeit und Bewunderung einer segensreichen Friedensinitiative, die heute vor 10 Jahren von Robert Schuman ergriffen wurde. Es war eine Tat, deren volle Bedeutung nur im Lichte der politischen Situation von damals gebührend und geziemend gewertet werden kann, ein hohes Zeugnis zugleich für die Kraft des Verstandes und für die politische Weitsicht, aber auch für die Strahlungswärme eines Herzens, dessen Wurzeln in dem Bereich vornehmsten Menschentums und christlicher Verantwortung ruhen.

Kaum fünf Jahre nach Beendigung eines blutigen Krieges, der nicht spurlos an Leib und Seele vorüberging, reichte man sich die Hand mit dem Willen, jeden neuen Konflikt zwischen unseren Völkern unmöglich zu machen. Wer erinnert sich nicht der gewaltigen Hoffnung, die diese Erklärung in unseren nach Frieden dürstenden Völkern erweckt hat? Die Versöhnung zwischen Frankreich und Deutschland durch die Zusammenlegung der Kohle- und Stahlindustrie war für sie das Ende eines entsetzlichen Alptraumes. Die Öffentlichkeit, so lange von den vergeblichen Bemühungen der Vorkämpfer für die Einigung Europas enttäuscht, war sich des tiefen Sinnes und der historischen und politischen Tragweite der Erklärung vom 9. Mai 1950 bewußt.

Seither sind 10 Jahre vergangen, und die Erklärung ist noch genauso aktuell wie 1950. Man kann sogar sagen, daß sie prophetisch war, da sie bereits die Möglichkeit einer wirtschaftlichen Einigung andeutete. Erklärte Präsident Schuman doch, daß man dank der Zusammenlegung der Kohle- und Stahlindustrie mit einer raschen, für die Schaffung einer Wirtschaftsgemeinschaft unerläßlichen Verschmelzung der Interessen rechnen könne. Die Europäische Gemeinschaft für Kohle und Stahl betrachtet diese Erklärung als ihre Geburtsurkunde, aber mit ihr entstand weit mehr als nur eine technische Gemeinschaft. Sie ist auch die Geburtsurkunde des vereinigten Europa.

Sechs Länder haben sich entschlossen, den Versuch zu wagen, und folgten dem Appell der Erklärung. Wir haben alle bedauert, daß sich nicht — abgesehen von der Assoziierung mit Großbritannien — andere Länder der Gemeinschaft angeschlossen haben, aber wir geben die Hoffnung nicht auf, daß diese Einigung in Zukunft nach und nach zustande kommt. Die sechs Länder haben neue Konzeptionen geschaffen, die es gestatten, ohne Revolution und ohne Krieg in einem Bereich, der zwar begrenzt, für ihre Wirtschaft aber doch so lebenswichtig ist, zu einer gemeinsamen Politik zu gelangen. Fast acht Jahre sind seit der Gründung der Institutionen der ersten europäischen Gemeinschaft vergangen. An Kritiken und Verleumdungen, mit denen das Scheitern dieses Versuches vorausgesagt wurde, hatte es keinen Mangel. Zwar kann man — wenn man ganz ehrlich sein will — nicht behaupten, daß die Gemeinschaft auf allen Gebieten die großen Hoffnungen erfüllt hätte, die in sie gesetzt wurden. Geben wir lieber offen zu, daß für manche Träume die Zeit noch nicht gekommen ist. Es wäre jedoch illusorisch zu glauben, daß eine solche Gemeinschaft reibungslos, ohne Opfer und — gewiß auch — ohne Enttäuschung verwirklicht werden könnte. Was aber ist schon ein Zeitraum von 8 oder 10 Jahren gegenüber der Tragweite dieses denkwürdigen Versuchs, der nicht nur für den Bereich der Wirtschaft, sondern auch für das politische, soziale und kulturelle Gebiet von Bedeutung ist. Wie auch die schwierigen Probleme immer aussehen mögen, wir werden unverdrossen weiterarbeiten; wir werden weder die Hoffnung aufgeben noch die Geduld verlieren und dem Montanvertrag und dem Gedanken der europäischen Solidarität treu bleiben.

Trotz aller Schwierigkeiten läßt sich doch nicht leugnen, daß es der erste Versuch einer Gemeinschaft bereits vermochte, zumindest den Grundstein für ein vereintes Europa zu legen, das die europäischen Völker seit Jahrhunderten ersehnen.

190. Madrid modernisiert sich

Wir wollen das noch rasch niederschreiben, bevor der Einbruch des Winters uns dementiert. Wir wollen es mitteilen, bevor der eisige Hauch der Sierra de Guadarrama über die Straßen Madrids fegt. Wir wollen es sagen, solange dieser goldene Herbst, Kastiliens schönste und beständigste Jahreszeit, die Stadt noch einmal mit den anziehenden Frauen Spaniens schmückt. Es ist der rechte Moment, davon zu sprechen, denn jetzt ist vielleicht der einzige Augenblick des Jahres, in dem das gefährliche Licht Madrids nicht täuscht. Für dieses eine Mal ist die Atmosphäre nicht aufgeladen mit fühlbaren Spannungen und überscharfen Reflexen, sondern gelöst in der sanften Beleuchtung einer Zeit des Überganges. Nützen wir also die freundliche Stunde, in der ein radikales Klima zwischen der glühenden Explosion des Sommers und der gänzlichen Erstarrung des Winters schmalen Raum läßt für ein abwägendes Wort und ein gemessenes Urteil.

Nützen wir sie, indem wir sogleich gestehen, daß in den langen Jahren, die wir es zu kennen glaubten, Madrid uns noch nie von Grund auf verwandelter schien als jetzt, da wir es nach einer Abwesenheit von kurzen Monaten beinahe wie etwas Neues erlebten. Und damit ist nicht einmal so sehr das äußere Bild gemeint, obwohl auch dieses sich mit erstaunlicher Gründlichkeit ändert. Das Tempo der Amerikanisierung ist groß. Die Stadt wächst in die Breite, aber mehr noch wächst sie, leider, in die Höhe — und das ist in ihrem Fall ein trübes Zeichen, daß sie, von jähen Fiebern der Gigantomanie geschüttelt, Manhattan zu imitieren sucht, obwohl von dem Platzmangel, der dort die Wolkenkratzer rechtfertigt, inmitten der verlorenen Weiten der kastilischen Steppe nicht die Rede sein kann. Damit aber wären wir bereits bei einem der Kennzeichen einer Entwicklung, die manche aufmerksame Beobachter mit Sorge erfüllt.

Denn der stürmische Prozeß der Umwandlung vollzieht sich unter Begleiterscheinungen, die der Überzeugungskraft entbehren. Daß die Vergangenheit nicht mehr zur Gegenwart passen will, ist dabei nicht das entscheidende. Neben dem alten Madrid, wo man den Landfuhrwerken und den kupfergesichtigen Bauern der Hochebene begegnet, gibt es die moderne Stadt, die mit neureicher Gebärde den Nickelglanz ihrer Cafeterias und den vergoldeten Gips protziger Luxuslokale in den Vordergrund schiebt. Doch ein solches Nebeneinander, dem man in jedem anderen Land auch begegnen kann, wäre für sich allein kaum der Erwähnung wert. Es erhält seinen wesentlichen Akzent erst durch eine Revolution der Sitten, die im besten Zuge ist, in der Psychologie der Spanier das Unterste zuoberst zu kehren. Das maßgebende Barometer dieses moralischen Klimawechsels sind, wie immer und überall, die Frauen.

(Nach einer Chronik von Enrique Barth in der „Süddeutschen Zeitung")

191. Einschränkungen der Freiheit

Die Einschränkungen der Freiheit haben einen Umfang angenommen, daß man das Fehlen der Freiheit schon nicht mehr empfindet: Eine Folge der Vermassung, des durch die Technisierung hervorgerufenen Gesinnungswandels der Menschen und der wirtschaftlichen Not und Unsicherheit in Krisenzeiten. Diese Entwicklung ist leider allgemein geworden. Eine Zumutung des Staates oder der Gesellschaft, die unsere Großväter zum Widerstand, ja zur Revolution veranlaßt hätte, läßt uns kalt. Wir Enkel haben in unserem Zweckdenken und Fortschrittsdünkel das Gefühl für echte Freiheit verloren. Man resigniert und zahlt, führt den Befehl aus, weil man um seine Existenz fürchtet. Im heutigen Maschinenzeitalter kann ja jeder sofort und ohne Schwierigkeiten ersetzt werden. Kein Wunder, daß Freiheit für uns ein wesenloser Begriff geworden ist, auf den man verzichten kann und verzichten wird, wenn es um die Existenz geht. Der geniale Dostojewski hat in seinen Brüdern Karamasow die seherische Erkenntnis gebracht: „Die Massen werden uns dann auch ihre Freiheit hinwerfen und sagen: ‚Versklavt uns, aber gebt uns Brot‘, denn sie werden begreifen, daß Freiheit und Brot in Fülle unvereinbare Dinge sind." Sicherheit, wirtschaftliche und soziale Sicherheit gelten heute mehr als Freiheit.

Deshalb fehlt auch das Verständnis, daß Selbständigkeit und Unabhängigkeit eigentlich mit Freiheit identisch sind. Von Freiheit spricht man viel, ja zu viel, weil es ein zugkräftiges Schlagwort ist, Opium für die Massen, ein Zauberwort der Demagogen, unter dem man sich alles oder nichts vorstellen kann. Demgegenüber sind Selbständigkeit, Unabhängigkeit viel zu konkrete Begriffe, um damit nur Politik machen zu können. Sie passen vor allem nicht in das System der Machtgebilde großer Organisationen.

(Aus einer Rede des ehem. bayerischen Ministers Zorn)

192. Ankunft in Tahiti

Ein Morgen war's, schöner hat ihn schwerlich je ein Dichter beschrieben, an welchem wir die Insel Tahiti 2 Meilen vor uns sahen. Der Ostwind, unser bisheriger Begleiter, hatte sich gelegt; ein vom Lande wehendes Lüftchen führte uns die erfrischendsten und herrlichsten Wohlgerüche entgegen und kräuselte die Fläche der See. Waldgekrönte Berge erhoben ihre stolzen Gipfel in mancherlei majestätischen Gestalten und glühten bereits im ersten Morgenstrahl der Sonne. Unterhalb derselben erblickte das Auge Reihen von niedrigeren, sanft abhängenden Hügeln, die den Bergen gleich mit Waldung bedeckt und mit verschiedenem anmutigem Grün und herbstlichem Braun schattiert waren. Vor diesen her lag die Ebene, von Brotfruchtbäumen und unzählbaren Palmen beschattet, deren königliche Wipfel weit über jene emporragten. Noch erschien alles im tiefsten Schlaf; kaum tagte der Morgen, und stille Schatten schwebten noch auf der Landschaft dahin. Allmählich aber konnte man unter den Bäumen eine Menge von Häusern und Boote unterscheiden, die auf den sandigen Strand heraufgezogen waren. Eine halbe Meile vom Ufer lief eine Reihe niedriger Klippen parallel mit dem Lande hin, und über diese brach sich die See in schäumender Brandung; hinter ihnen aber war das Wasser spiegelglatt und versprach den sichersten Ankerplatz. Nun fing die Sonne an, die Ebene zu beleuchten. Die Einwohner erwachten, und die Aussicht begann zu leben.

Kaum bemerkte man die großen Schiffe an der Küste, so eilten einige unverzüglich nach dem Strande herab, stießen ihre Boote ins Wasser und ruderten auf uns zu. Es dauerte nicht lange, so kam uns eines so nahe, daß wir es anrufen konnten. Zwei fast ganz nackte Leute mit einer Art von Turban auf dem Kopfe und mit einer Schärpe um die Hüften saßen darin. Sie schwenkten ein großes grünes Blatt in der Luft und kamen mit einem oft wiederholten lauten „Tayo!" heran, einem Ausruf, den wir ohne Mühe und ohne Wörterbücher als einen Freundschaftsgruß auslegen konnten. Das Boot ruderte dicht unter das Hinterteil des Schiffs, und wir ließen ihnen sogleich ein Geschenk von Glaskorallen, Nägeln und Medaillen herab. Sie hingegen reichten uns einen grünen Pisangschoß zu, der bei ihnen ein Sinnbild des Friedens ist, worauf unsere Freunde nach dem Lande zurückkehrten. Es währte nicht lange, so sah man das Ufer mit einer Menge von Menschen bedeckt, die nach uns hinguckten, während andere ihre Boote ins Wasser stießen und sie mit Landesprodukten beluden. In weniger als einer Stunde umgaben uns Hunderte von Booten, in deren jedem sich ein, zwei, drei, zuweilen auch vier Mann befanden. Ihr Vertrauen zu uns ging so weit, daß sie unbewaffnet kamen. Von allen Seiten erschallte das willkommene „Tayo!", und wir erwiderten es mit wahrhaftem und herzlichem Vergnügen.

(Aus „Der Weltumsegler" von Kurt Kersten, Verlag Francke, Bern, leicht abgeändert)

193. Das Wesen der spanischen Malerei

Wie verschiedenartig Wesen und Werk der drei großen spanischen Maler El Greco, Velazquez und Goya sein mögen, so spürt man doch bei ihnen den Einfluß des gleichen geistigen Klimas. Spanien ist nicht nur das Land, in dem sie arbeiten, es ist auch der Nährboden ihres künstlerischen Schaffens. Das gilt auch für den in Kreta gebürtigen Domenikus Theotokopuli, genannt El Greco — der Grieche —, der sich erst als erwachsener Mann in Toledo angesiedelt hat. Kennzeichnend für den spanischen Charakter ist das Nebeneinander von Göttlichem und Menschlichem, Ekstase und Trivialität, Bestialität und Innigkeit, das in seinem jahrhundertelangen Streben nach christlichem Glauben zum Ausdruck kommt. Durch den langen und erbitterten Kampf mit den Mauren war die Auseinandersetzung mit dem christlichen Glauben beim einzelnen Individuum zu einem Lebenskampf schlechthin geworden. In dieser Atmosphäre des fanatischen Glaubenseifers beherrscht der Katholizismus die gesellschaftlichen Umgangsformen und Schaustellungen, aber auch die Herzensangelegenheiten, die königlichen und volkstümlichen Feste; so gehörten in seinen Bereich Erscheinungen des Asketentums und der Ausschweifung, der Heiligkeit und des Allzumenschlichen. Selbst die am wenigsten frommen Maler sind sich ständig ihrer Sünden bewußt, so daß ihre Blasphemien Ausdruck ihres verdrängten Glaubens sind.

Wir befinden uns in einer Welt, in der alle Wunder und Absonderlichkeiten möglich sind. Der Realismus, der sich an die äußere Erscheinungsform hält, verbindet sich mit dem Glaubensdrang, durch den sich die Materie verändert. So sehen wir Menschen, die einerseits fest mit beiden Beinen auf dem Boden stehen und die sich andererseits durch ihr gefühlsmäßiges Streben nach oben von der Erde lösen.

Die spanischen Maler zeichnen sich durch eine besonders scharfe Beobachtungsgabe aus, und Häßlichkeit, Alter und Grauen schrecken sie nicht. Sie sind unplatonisch.

(Aus dem Vorwort von Dr. Brigitte Lohmeyer zu dem Werk „Spanische Meister", Gemälde, Emil Vollmer Verlag, Wiesbaden, 1952)

194. Die Eigenschaften des Diplomaten

Neben den Voraussetzungen charakterlicher Eignung und geistiger Begabung stehen für den Erfolg des Diplomaten zwei weitere Erfordernisse von wesentlicher Bedeutung: die Erfahrung und die handwerkliche Beherrschung der Technik des Berufs. Es ist eine Binsenwahrheit, daß die Erfahrung in allen Sparten des Lebens eine große Rolle spielt; nirgends kann aber ihre Bedeutung größer sein als bei einem politischen Beruf, der seiner Natur nach mit der Menschenbehandlung zusammenhängt. Es ist einleuchtend, daß man erst nach mehrjähriger Tätigkeit in einem Lande dessen Eigentümlichkeiten kennenzulernen beginnt. Deswegen ist es immer ein persönliches Glück, wenn ein Diplomat oder Konsul im Verlaufe seiner Karriere in den gleichen Wirkungskreis zurückkehrt. Die Frage, wie man durch eine geeignete Personalpolitik das notwendige Erfahrungskapital in einem auswärtigen Dienste steigern kann, hat verschiedene Antworten gefunden. Die einen glauben, daß diese Erfahrung am besten gefördert wird durch die Berührung mit möglichst zahlreichen fremden Mentalitäten und eine Verwendung in möglichst verschiedenen Ländern. Andere befürworten auch auf dem diplomatischen Gebiete das Spezialistentum und wollen die Schulung des diplomatisch-konsularischen Personals dadurch fördern, daß sie je nach persönlicher Eignung die Angehörigen des auswärtigen Dienstes nur in bestimmten geographischen Sektoren verwenden. Die letztere Methode ist nicht ohne Erfolg auf das ostasiatische Interessengebiet angewendet worden. Eine kluge Personalpolitik wird am besten daran tun, zunächst den Blick des jungen Diplomaten durch Verwendung in verschiedenen Erdteilen zu weiten, um ihn dann später dort zu verwenden, wo er seiner Veranlagung nach die beste Wirkungsmöglichkeit besitzt. Ohne die Vorzüge zu verkennen, die jugendliche Energie und Begeisterungsfähigkeit auch im diplomatischen Berufe besitzen, dürfte doch die langjährige Erfahrung, auf die das gereifte Alter zurückblicken kann, gerade dem Diplomaten von besonderem Nutzen sein.

(Aus „Außenpolitik und Diplomatie" von Dr. Friedrich W. von Prittwitz und Gaffron, Isar Verlag, München, 1951)

195. Würdigung Goethes

Wie wir in den Gestirnen Werke des göttlichen Schöpfers verehren, so auch in Goethes leiblicher und geistiger Erscheinung; sie tröstet uns in schweren Stunden der irdischen Wirrnis und kräftigt unseren Glauben an die Menschheit.

Daher sollte Goethe unser geistiger Besitz werden als Führer und Begleiter durchs Leben, als Trost und Vorbild. Nichts wäre verkehrter als zu glauben, daß uns Goethe heute nichts mehr zu sagen habe. Ganz im Gegenteil: in unserem technisierten Zeitalter ist sein Werk notwendiger denn je, stellt es doch der materiellen die geistige, der atomzertrümmerten die heile, die ganze Welt entgegen. Wie kein zweiter hat er den Reichtum des Seins ausgeschöpft im Leben, im Dichten und im Forschen. Er hat in stetem Ringen das Dämonische seiner Natur besiegt, in Dichtungen von unvergänglicher Schönheit Freud und Leid des Menschenlebens gestaltet, in unermüdlichem Forschen der Natur ihre Geheimnisse abgerungen. Nicht nur sein Genie hat ihn so groß werden lassen, mehr noch sein nie ermüdender Fleiß. Der glühende Jüngling, der handelnde Mann, der erkennende Greis reißt uns mit. In seiner Natur vereinigen sich Faust und Mephisto, Tasso und Antonio, Apollon und Dionysos. Wurzelnd im eigenen Volkstum, reicht er hinein ins Menschliche aller Völker. Er fühlt mit den Unterdrückten und Ausgenützten und weiß den Herrschern Widerpart zu halten. Er wird Napoleon gerecht, aber auch seinen Überwindern Stein und Metternich. Nichts Großes bleibt ihm ferne. Er gelangt in der bildenden Kunst vom Rokoko zu den Niederländern, zu Erwin von Steinbach und zur Antike, in der Dichtkunst von den Anakreontikern zur Volkspoesie, zu Shakespeare und den griechischen

Tragikern und zuletzt zu Hafis. Die Weite der Welt schöpft er geistig aus von Straßburg bis Schiras, von Weimar bis Sizilien. Er geht aus von der Beobachtung des einzelnen, der Pflanze, des Tieres, und steigt auf zum Allgemeinen, zum Typus; er stellt die Frage nach der Entstehung und der Entwicklung aus der Urform. Er begreift das neue Werden im Vaterland, das Heraufziehen des Maschinenzeitalters und die Entwicklungsmöglichkeiten Amerikas. Seine Werke bilden die „Bruchstücke einer großen Konfession".

(Aus Ernst Reisinger, Goethe, Leben und Werk, Max Hueber Verlag, 1958)

196. Der Völkerbund

Bereits vor Beendigung des ersten Weltkrieges hatte der amerikanische Präsident Wilson in einer Rede erklärt, daß der Friede vom größten Teil der Menschheit organisiert werden müsse, und in dem letzten der vierzehn Punkte seiner Botschaft an den Kongreß der USA vom 8. 1. 1918 forderte er, daß „zum Zwecke wechselseitiger Garantieleistung für politische Unabhängigkeit und territoriale Unverletzlichkeit der großen wie der kleinen Staaten unter Abschluß spezifischer Vereinbarungen eine allgemeine Gesellschaft von Nationen gebildet werden" müsse.

Die Amerikaner, die glaubten, daß ihr Staat die Sehnsucht der Europäer nach Freiheit und Gleichheit erfüllte, sahen in der Demokratie nicht nur ein amerikanisches Ideal, sondern ein Weltideal, und Wilson wollte den Grundsätzen der amerikanischen Demokratie in der ganzen Welt Anerkennung verschaffen. Er dachte mit vielen Amerikanern an eine Welt, in der nicht mehr tiefgehende Rivalitäten und Interessenkonflikte herrschen, keine Abgrenzung der Einflußsphären und keine Bündnisse mehr nötig sind, nicht mehr ein Gleichgewicht der Kräfte anzustreben ist und nur noch Kriege der Weltgemeinschaft gegen verbrecherische Störenfriede der Weltordnung zu führen sind. Die Allgemeinheit seiner vierzehn Punkte leistete einer Verfälschung seines Friedensprogramms Vorschub, und außerdem machte Wilson, dessen Gedanken über das Verhältnis zwischen Idee und Macht die Wirklichkeit verfehlten, Zugeständnisse an die europäischen Staatsmänner, die seinem Internationalismus nur teilweise zustimmten und nationalistische Ziele verfolgten.

Die USA sind dann freilich dem Völkerbund nicht beigetreten, und zwar vor allem deswegen, weil sie befürchteten, dadurch in europäische Angelegenheiten verwickelt zu werden. Sie kehrten wieder zu dem traditionellen Prinzip des Isolationismus zurück, der Bündnisse mit europäischen Mächten ablehnt.

Dem Völkerbund gehörten zeitweise 56 Staaten an. Außer den USA hat nur Saudi Arabien ihm niemals angehört. Deutschland trat ihm 1926 bei, die Sowjetunion 1934. Deutschland trat 1933 wieder aus, die Sowjetunion wurde im Dezember 1939 wegen ihres Feldzuges gegen Finnland ausgeschlossen. Japan trat 1933 aus und Italien 1937. Die Satzung des Völkerbundes wurde 1919 in der 5. Vollversammlung der Friedenskonferenz angenommen, mit dem Tage der Unterzeichnung des Versailler Vertrags datiert und in die Friedensverträge aufgenommen, welche die alliierten Mächte mit den besiegten Mächten abschlossen.

(Aus Franz Ernst, Grundlagen der politischen Gegenwartskunde, Neue Deutsche Schule Verlagsgesellschaft m. b. H., Essen, 1955)

197. Ostern in Spanien

Die Osterwoche in Spanien mitzubegehen ist ein Ereignis, das niemand vergessen wird, der es einmal erleben durfte. Es ist die Offenbarung des ureigensten spanischen Wesens ohne Verfälschung durch Importe von jenseits der Pyrenäen, eine Manifestation unerschütterlichen Glaubens, stolzen Selbstbewußtseins und freudevoller Hoffnung.

Die „Semana Santa", die Karwoche, bildet den Höhepunkt allen feiertäglichen Lebens in Spanien. Das Land zieht sein Festkleid an und will nichts mehr vom Alltag und seinen Sorgen wissen. Auch das Straßenbild verändert sich: dort, wo sonst die Autos rasen und den Fußgängern das Leben schwermachen, wo die Straßenbahnen wie kleine, lustige Frühlingskäfer laufen, lustwandelt eine sonntäglich gekleidete Menge. Schwarze Mantillen fallen von hohen Kämmen tief über schmale Schultern, liebliche Frauengesichter umrahmend.

Die Leidenszeit Christi wird tief empfunden, und die Farbe der Trauer beherrscht das Straßenbild, aber doch liegt es wie ein Schwingen in der Luft, wie ein freudiges Sehnen — der Auferstehung entgegen. Und je weiter man nach dem Süden kommt, desto mehr verstärkt sich der Eindruck, daß die Karwoche nur ein ungeduldiges Warten auf die schon vorgefühlte Auferstehungsfeier ist. Charakteristisch hierfür sind die Improvisationen in Andalusien. Während dort die nächtlichen Prozessionen im Schein der Fackeln geisterhaft und gespenstisch vermummt durch die engen Gassen ziehen, mit Perlen und Brillanten behangene Heiligenstatuen mit sich führend, unterbricht plötzlich von der Mondhelle eines flachen Daches herunter eine helle Frauenstimme den dumpfen Trommelschlag der Prozession, und aus übervollem Herzen heraus jubiliert das „Hosanna" über die Trauermusik hinaus in die samtene Nacht — Christus entgegen, der wieder auferstehen wird von den Toten, der auch uns weiterleben läßt in alle Ewigkeit.

Dieses Hohelied von der Überwindung des Todes und der Sinngebung des Menschenlebens ist in Spanien zum nationalen Hymnus geworden, der alljährlich zu Ostern im Fortissimo ausklingt und in den Seelen des Volkes weiterschwingt.

198. Die Gewerkschaften

Die ersten Gewerkschaften wurden in England, wo es auch zuerst zu der sogenannten industriellen Revolution kam, die eine krasse Ausbeutung der Arbeiter mit sich brachte, als Selbsthilfeorganisationen gebildet. In Deutschland, wo für sie anders als in England bald auch politische Orientierungen maßgebend wurden, tauchten sie 1848 in Ansätzen auf, die bald unterdrückt wurden. Sie traten in den 60er Jahren wieder in Erscheinung, verfielen im Jahre 1878 der Auflösung, wuchsen dann aber nach der Aufhebung des Gesetzes gegen die gemeingefährlichen Bestrebungen der Sozialdemokratie im Jahre 1890 und seit dem um 1895 beginnenden industriellen Aufschwung Deutschlands, begünstigt durch die Zusammenballungen der Arbeiter in den Großbetrieben und in den Großstädten, rasch an. 1933 wurden sie zum dritten Male aufgelöst. Sie formierten sich dann bald nach dem Zusammenbruch wieder und spielen heute in der Bundesrepublik eine bedeutende, aber umstrittene Rolle.

Die Deutsche Reichsverfassung von 1919 gewährleistete die unbeschränkte Koalitionsfreiheit, erkannte die Organisationen der Arbeiter und Angestellten wie auch der Unternehmer ausdrücklich an und gab ihnen das Recht zu einer Mitwirkung an der Regelung der Lohn- und Arbeitsbedingungen und an der gesamten wirtschaftlichen Entwicklung der produktiven Kräfte. Im Bonner Grundgesetz wird in Artikel 9 die Koalitionsfreiheit des einzelnen, aber nicht die Koalition als solche geschützt.

In den Verfassungen einzelner westdeutscher Länder ist jedoch von Gewerkschaften bzw. von Arbeitnehmerverbänden und ihren Gesamtvereinbarungen mit den Arbeitgeberverbänden die Rede. Die Verfassungen von Hessen (Art. 29) und Rheinland-Pfalz (Art. 66) erkennen auch das Streikrecht der Gewerkschaften an. In der Präambel zur französischen Verfassung von 1946, in der Erklärung der Menschenrechte durch die UN und in der Konvention des Europa-Rates zum Schutze der Menschenrechte und Grundfreiheiten ist ebenfalls ausdrücklich von Gewerkschaften die Rede. In der Erklärung der UN heißt es z. B.: „Jeder hat das Recht, zum Schutze seiner Interessen Gewerkschaften zu bilden und in sie einzutreten."

In England ist die Stellung der Gewerkschaften (Trade Unions) durch eine Reihe von Gesetzen geregelt, deren erstes bereits 1871 erlassen wurde, sie als beschränkt rechtsfähig anerkannte und ihnen im Prinzip das Recht zubilligte, Kollektivverhandlungen zu führen. In den USA hat der Kampf um ihre rechtliche Anerkennung länger gedauert. Erst in den 30er Jahren wurden dort unter der Präsidentschaft Fr. D. Roosevelts Gesetze erlassen, so auch die sogenannte Lex Wagner, die den Arbeitern das Recht gaben, sich frei zu organisieren und Vertreter zu wählen, welche mit den Unternehmern über die Arbeitsbedingungen verhandeln. Sie gewährleisteten auch ausdrücklich das Streikrecht. Nach dem zweiten Weltkrieg entbrannte ein heißer Kampf um die Lex Wagner. Sie wurde durch das Taft-Hartley-Act ersetzt, welches die Bewegungsfreiheit der Gewerkschaften einengte, das Streikrecht beschränkte, sich gegen das sogenannte Closed Shop wandte und damit Abreden verbot, die einer Gewerkschaft für einen Betrieb oder eine Gruppe von Betrieben das alleinige Anrecht auf Arbeitsvermittlung gewährten. Die beiden großen Gewerkschaftsbünde in den USA, die American Federation of Labor (A. F. L.) und der Congress of Idustrial Organization (C. I. O.), die an eine Fusion denken, kämpfen aber um ein neues Gewerkschaftsgesetz, das eine Rückkehr zu den Bestimmungen der Lex Wagner mit sich bringen soll. Es wird aber auch mit einem Gesetz gerechnet, das eine Anwendung der bestehenden Antitrustgesetze auf Gewerkschaften vorsieht.

(Aus Franz Ernst, Grundlagen der politischen Gegenwartskunde, Neue Deutsche Schule Verlagsgesellschaft m. b. H., Essen, 1955)

199. Die deutsche Außenpolitik unter Stresemann

Unter den sich abwechselnden Regierungen Marx und Luther behielt Stresemann das Auswärtige Amt. Sein Ziel war es, im Rahmen der gegebenen Möglichkeiten eine schrittweise Revision des Versailler Systems herbeizuführen. Die Voraussetzungen für eine solche Politik schienen etwas günstiger geworden zu sein, denn der Ruhreinbruch hatte Frankreich nicht nur keinen Erfolg beschert, sondern auch dem Franc erheblich geschadet. Von den Vereinigten Staaten, die ihre Entente-Anleihen zurückhaben wollten und sehr wohl sahen, daß ihre Forderungen mit dem deutschen Reparationsproblem verkettet waren, wurde Poincaré wieder auf die Ebene der internationalen Verständigung gedrängt. Der hier entstehende Dawesplan (1924) brachte immer noch empörende Härten, da Deutschland nunmehr auf unbestimmte Zeit jährlich zweieinhalb Milliarden zahlen und zum Pfand ertragreiche Steuern und bedeutende Wirtschaftseinrichtungen der Konkursverwaltung eines Generalagenten überlassen sollte. Andererseits gewährte er Deutschland eine Erholungsfrist bis ins fünfte Jahr seiner Laufzeit, bot die Chance zur Wiederherstellung der deutschen Kreditfähigkeit und so auch für das Hereinströmen amerikanischer Privatinvestitionen.

Nachdem Stresemann die Ratifikation des Dawes-Abkommens im Reichstag durchgesetzt hatte, suchte er sich mit Frankreich zu verständigen. Sein Nahziel war das Ende der Rheinland-Besetzung. Darüber hinaus hoffte der Außenminister Gelegenheiten für eine Neuordnung der Verhältnisse an den Ostgrenzen des Reiches schaffen zu können. Briand, der mittlerweile wieder am Quai d'Orsay die auswärtigen Angelegenheiten betreute, verschloß sich den deutschen Bemühungen nicht — wünschte er doch die 1919 ausgebliebene Garantie der französischen Nordostgrenzen durch ein kollektives Sicherheitssystem zu ersetzen. So kam es schließlich zur Räumung des Ruhrgebiets und zum Abschluß der Locarno-Verträge (1925). Beide Staaten verzichteten auf eine gewaltsame Abänderung der zwischen ihnen gezogenen Grenzen; England, Italien und Belgien traten als Bürgen dieses Vertrages hinzu. Bald wurde Deutschland beim Völkerbund als Mitglied zugelassen.

(Aus H. G. Dahms, Kleine Geschichte Europas im 20. Jahrhundert, Ullstein Bücher, Berlin, 1958)

200. Der Beginn des Krieges zwischen Deutschland und Großbritannien

Am Sonntag, den 3. September 1939, war ich infolge der anstrengenden Tage, die hinter mir lagen, zu Hause so spät aufgewacht, daß ich nur mit Hilfe eines Taxis das Auswärtige Amt erreichte. Ich konnte gerade noch sehen, wie Henderson durch den historischen Eingang in der Wilhelmstraße 76 das Haus betrat, als ich über den Wilhelmsplatz fuhr. Ich benutzte einen Nebeneingang und stand pünktlich um 9 Uhr in Ribbentrops Arbeitszimmer zum Empfang Hendersons bereit. Auf die Minute genau meldete ihn der Amtsdiener. Er betrat das Zimmer mit einem sehr ernsten Gesicht, reichte mir die Hand, nahm aber auf meine Aufforderung nicht an dem kleinen Tisch in der Ecke des Zimmers Platz, sondern blieb feierlich mitten im Raum stehen. „Ich muß Ihnen leider im Auftrage meiner Regierung ein Ultimatum an die deutsche Regierung überreichen", begann er mit bewegter Stimme und verlas dann, während wir uns gegenüberstanden, das bekannte Dokument der britischen Regierung. „Über 24 Stunden sind vergangen, seit eine sofortige Antwort auf die Warnung vom 1. September erbeten worden ist und seitdem die Angriffe gegen Polen intensiviert worden sind. Wenn die Regierung Seiner Majestät nicht vor 11 Uhr britischer Sommerzeit befriedigende Zusicherungen über die Einstellung aller Angriffshandlungen gegen Polen und die Zurückziehung der deutschen Truppen aus diesem Lande erhalten hat, so besteht von diesem Zeitpunkt ab der Kriegszustand zwischen Großbritannien und Deutschland."

Nach diesen Worten überreichte mir Henderson das folgenschwere Dokument und verabschiedete sich von mir. „Es tut mir aufrichtig leid", sagte er zu mir, „daß ich gerade Ihnen ein solches Dokument übergeben muß, denn Sie sind stets sehr hilfsbereit gewesen." Ich drückte auch meinerseits mein Bedauern aus und richtete noch einige von Herzen kommende Abschiedsworte an den englischen Botschafter, den ich, wie gesagt, immer außerordentlich geschätzt hatte.

Dann begab ich mich mit dem Ultimatum in der Aktentasche in die Reichskanzlei, wo alles voller Spannung auf mein Kommen wartete. In dem Raum vor Hitlers Arbeitszimmer waren die meisten Kabinettsmitglieder und prominenten Parteileute versammelt. Es herrschte ein ziemlich starkes Gedränge, so daß ich einige Mühe hatte, zu Hitler vorzudringen. „Was gibt es denn Neues?", fragten mich mehrere etwas ängstlich klingende Stimmen. Ich entgegnete nur achselzuckend: „Die Schule fällt aus", und betrat das danebenliegende Zimmer, in dem Hitler an seinem Arbeitstisch saß, während Ribbentrop etwas rechts von ihm am Fenster stand. Beide blickten gespannt auf, als sie mich sahen. Ich blieb in einiger Entfernung vor Hitlers Tisch stehen und übersetzte ihm dann langsam das Ultimatum der britischen Regierung. Als ich geendet hatte, herrschte völlige Stille, genauso wie nach dem Paukenschlag in der Nacht von Godesberg.

Wie versteinert saß Hitler da und blickte vor sich hin. Er war nicht fassungslos, wie es später behauptet wurde, er tobte auch nicht, wie es wieder andere wissen wollten. Er saß völlig still und regungslos an seinem Platz. Nach einer Weile, die mir wie eine Ewigkeit vorkam, wandte er sich Ribbentrop zu, der wie erstarrt am Fenster stehen geblieben war. „Was nun?" fragte Hitler seinen Außenminister mit einem wütenden Blick in den Augen, als wolle er zum Ausdruck bringen, daß ihn Ribbentrop über die Reaktion der Engländer falsch informiert habe. Ribbentrop erwiderte mit leiser Stimme: „Ich nehme an, daß die Franzosen uns in der nächsten Stunde ein gleichlautendes Ultimatum überreichen werden."

Da meine Aufgabe nun erledigt war, zog ich mich zurück und sagte den draußen im Vorzimmer Wartenden, die mich umdrängten: „Die Engländer haben uns soeben ein Ultimatum überreicht. In zwei Stunden besteht zwischen England und Deutschland Kriegszustand." Auch hier im Vorraum herrschte bei dieser Ankündigung Totenstille. Göring drehte sich zu mir um und sagte: „Wenn wir diesen Krieg verlieren, dann möge uns der Himmel gnä͗ᷣ sein!" Goebbels stand in einer Ecke, niedergeschlagen und in sich gekehrt, und sah buchstäblich aus wie der bewußte begossene Pudel. Überall sah ich betretene Gesichter, auch bei den kleineren Parteileuten, die sich im Raum befanden.

Coulondre übergab kurz danach Ribbentrop ein auf 5 Uhr nachmittags befristetes Ultimatum gleichen Inhalts.

Am Abend verließ ich das verdunkelte Berlin im Sonderzug des Auswärtigen Amtes in östlicher Richtung. Durch eine Ironie des Schicksals ging dieser Zug von der gleichen Verladerampe des Anhalter Güterbahnhofes ab, von der ich 1917 als Soldat im Güterzug meine Heimatstadt verlassen hatte."

(Aus „Statist auf diplomatischer Bühne", Paul Schmidt, Bonn 1958)